GUTEMBERG B. DE MACEDO

JOVENS PROMISSORES *hoje,* PROFISSIONAIS DE SUCESSO *amanhã*

UM GUIA PRÁTICO PARA
QUEM DESEJA CONSTRUIR
UMA CARREIRA VITORIOSA

ALTA BOOKS
E D I T O R A

Rio de Janeiro, 2021

Jovens Promissores Hoje, Profissionais de Sucesso Amanhã
Copyright © 2021 da Starlin Alta Editora e Consultoria Eireli. ISBN: 978-85-508-1360-8

Todos os direitos estão reservados e protegidos por Lei. Nenhuma parte deste livro, sem autorização prévia por escrito da editora, poderá ser reproduzida ou transmitida. A violação dos Direitos Autorais é crime estabelecido na Lei nº 9.610/98 e com punição de acordo com o artigo 184 do Código Penal.

A editora não se responsabiliza pelo conteúdo da obra, formulada exclusivamente pelo(s) autor(es).

Marcas Registradas: Todos os termos mencionados e reconhecidos como Marca Registrada e/ou Comercial são de responsabilidade de seus proprietários. A editora informa não estar associada a nenhum produto e/ou fornecedor apresentado no livro.

Impresso no Brasil — 1ª Edição, 2021 — Edição revisada conforme o Acordo Ortográfico da Língua Portuguesa de 2009.

Produção Editorial
Editora Alta Books

Gerência Editorial
Anderson Vieira

Gerência Comercial
Daniele Fonseca

Produtor Editorial
Illysabelle Trajano
Thiê Alves

Assistente Editorial
Maria de Lourdes Borges

Coordenação de Eventos
Viviane Paiva
eventos@altabooks.com.br

Assistente Comercial
Filipe Amorim
vendas.corporativas@altabooks.com.br

Equipe de Marketing
Livia Carvalho
Gabriela Carvalho
marketing@altabooks.com.br

Editor de Aquisição
José Rugeri
j.rugeri@altabooks.com.br

Equipe Editorial
Ian Verçosa
Luana Goulart
Raquel Porto
Rodrigo Dutra
Thales Silva

Equipe de Design
Larissa Lima
Marcelli Ferreira
Paulo Gomes

Equipe Comercial
Daiana Costa
Daniel Leal
Kaique Luiz
Tairone Oliveira
Vanessa Leite

Revisão Gramatical
Samuri Prezi
Thamiris Leiroza

Projeto Gráfico e Diagramação
Joyce Matos

Capa
Tribo da Ilha

Publique seu livro com a Alta Books. Para mais informações envie um e-mail para autoria@altabooks.com.br

Obra disponível para venda corporativa e/ou personalizada. Para mais informações, fale com projetos@altabooks.com.br

Erratas e arquivos de apoio: No site da editora relatamos, com a devida correção, qualquer erro encontrado em nossos livros, bem como disponibilizamos arquivos de apoio se aplicáveis à obra em questão.

Acesse o site www.altabooks.com.br e procure pelo título do livro desejado para ter acesso às erratas, aos arquivos de apoio e/ou a outros conteúdos aplicáveis à obra.

Suporte Técnico: A obra é comercializada na forma em que está, sem direito a suporte técnico ou orientação pessoal/exclusiva ao leitor.

A editora não se responsabiliza pela manutenção, atualização e idioma dos sites referidos pelos autores nesta obra.

Ouvidoria: ouvidoria@altabooks.com.br

Dados Internacionais de Catalogação na Publicação (CIP) de acordo com ISBD

M141j   Macedo, Gutemberg B. de
         Jovens Promissores Hoje, Profissionais de Sucesso Amanhã: Um Guia Prático para Quem Deseja Construir uma Carreira Vitoriosa / Gutemberg B. de Macedo. - Rio de Janeiro : Alta Books, 2021.
         176 p. ; 16cm x 23cm.

         Inclui bibliografia e índice.
         ISBN: 978-85-508-1360-8

         1. Administração. 2. Carreira. 3. Sucesso. I. Título.

2021-11   CDD 650.14
                                                      CDU 658.011.4

Elaborado por Vagner Rodolfo da Silva - CRB-8/9410

Rua Viúva Cláudio, 291 — Bairro Industrial do Jacaré
CEP: 20.970-031 — Rio de Janeiro (RJ)
Tels.: (21) 3278-8069 / 3278-8419
www.altabooks.com.br — altabooks@altabooks.com.br
www.facebook.com/altabooks — www.instagram.com/altabooks

Agradecimento

Blaise Pascal (1623–1662), filósofo, físico e matemático francês, sentenciou: "Certos autores, quando falam de seu trabalho, dizem: 'Meu livro, meu comentário, minha história.' Seria muito melhor que eles dissessem: 'Nosso livro, nosso comentário, nossa história', uma vez que seus trabalhos contêm mais coisas boas dos outros do que de si mesmos."

Foi exatamente esse meu sentimento durante o período em que escrevi este trabalho, uma vez que várias pessoas contribuíram para a sua conclusão e publicação. É justo, portanto, que eu diga, como recomendou Pascal: "Nosso livro, nosso comentário, nossa história." Quero fazer um agradecimento todo especial a Denize Lara Kallas, diretora da Gutemberg Consultores, com quem converso diariamente sobre os mais diferentes assuntos, dos mais complexos aos mais simples; a todos os meus colaboradores, entre eles Elaine Fernandes Mota e Nathani Melo, que trabalharam duro na digitação e correção do texto de maneira incansável e irrepreensível.

Dedico este trabalho aos meus filhos Patrick Henry de Macedo, Patrícia Detweiler de Macedo e Phillip Matheus Detweiler de Macedo, e a todos aqueles profissionais que revelaram a história de suas vidas e carreiras ao longo de suas transições — Outplacement, Coaching Executivo e Pré-retirement Planning.

Sobre o autor

Gutemberg B. de Macedo é Presidente da Gutemberg Consultores, empresa especializada em gestão de capital intelectual Outplacement, Coaching Executive, Career Counseling and Retirement Planning, escritor e conferencista empresarial. Sua missão pessoal é tornar a carreira das pessoas um projeto de vida bem-sucedido por meio de harmonização dos vários canais de energia: físico, intelectual, psicoemocional e espiritual. Gutemberg estudou Ciências Jurídicas e Sociais e fez seu mestrado em Teologia nos Estados Unidos. É autor de vários livros, entre eles *Fui Demitido: E Agora?* (Prêmio Jabuti de 1993); *Empregue seu Talento — Carreira Solo: A Opção para o Fim do Emprego*; *Outplacement: A Arte e a Ciência da Recolocação e Carreira: Que Rumo Seguir?*; *Fui Contratado! E Agora?* Foi apresentador do programa Você X Gutemberg, um curioso game televisivo que foi ao ar pela TV Ideal, que simulava uma entrevista de emprego e ensinava como conquistar o trabalho dos sonhos. Leitor voraz, passa boa parte do tempo em sua biblioteca, composta de mais de oito mil livros, estudando e se preparando para ajudar os profissionais das mais variadas áreas a conquistar o sucesso em sua carreira, independentemente do setor.

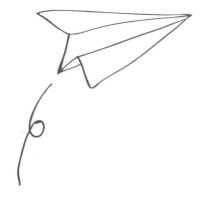

Prefácio

"Acabei de escrever o meu mais novo livro *Jovens hoje, profissionais de sucesso amanhã*, me diz o amigo, consultor e conselheiro Gutemberg Macedo. "Você não gostaria de escrever o prefácio do meu livro?" Recebo a honra e o desafio logo pela manhã.

Executivo com mais de 30 anos de carreira e tendo passado por grandes empresas do setor automotivo, entre outros, naturalmente estou acostumado a grandes desafios, mas confesso que, ao receber este das mãos do Gutemberg Macedo, pessoa que tem nos livros e na escrita seguramente a sua mais ardente paixão e competência, me deixou no mínimo com a certeza de que seria algo bem diferente e significativo na minha carreira.

"Instruir e orientar jovens" sempre foi uma das tarefas mais difíceis para todos nós. Imaginar como serão as profissões do futuro considerando os avanços tecnológicos e também considerar as mudanças de comportamento que o mundo globalizado e o excesso de informação têm nos apresentado, é no mínimo um exercício complexo.

Existe também uma convivência cada vez maior de gerações, consequência da longevidade que experimentamos hoje.

Dizem os especialistas que acima dos 50 anos de idade temos hoje pelo menos três gerações diferentes: até 65 anos de idade é uma geração que se adapta e já é a "Unretirement", ou seja, nunca irá se aposentar; de 65 a 80 anos de idade é uma geração que pensa em aposentadoria e está lutando para consegui-la e desfrutar um merecido descanso; e somente acima de 80 anos é que podemos realmente considerar idoso e necessitando de cuidados especiais.

Do outro lado temos o advento acelerado da tecnologia que pode nos distanciar cada vez mais dos nativos digitais. E seja qual for a geração que já está aí à beira de entrar no mercado de trabalho, ela seguramente tem suas crenças e necessidades totalmente diferentes das anteriores.

Passadas estas preocupações iniciais e partindo enfim para a leitura do *Jovens hoje, profissionais de sucesso amanhã*, começo a me dar conta mais uma vez da sabedoria do Gutemberg Macedo, a quem conheço há muitos anos e tive honra de ter como Coach e com quem faço questão de manter um contato muito próximo até hoje.

São os ensinamentos e características abordados por ele, neste livro, que sempre farão a diferença numa carreira de sucesso. São as abordagens simples, mas de comportamento exigente e que parecem perdidas no mundo atual, no meio a tanto excesso de tecnologia, "self-promotion" nas redes sociais e excesso de ganância travestido de "resultados a qualquer custo".

Os ensinamentos aqui descritos funcionam como a Bíblia. Independentemente de quando foram escritos, serão sempre universais e válidos. Serão sempre eficazes. Seja numa grande corporação multinacional, seja numa empresa menor com os donos presentes na administração, seja num negócio próprio, seja você um contratado definitivo ou um funcionário temporário, estes ensinamentos sempre serão funcionais.

Agradeço ao Gutemberg esta possibilidade de escrever o prefácio e deixo a certeza de que as páginas a seguir são de um valor inestimável para todos os profissionais em início de carreira.

Luis Gonzalo Guardia Souto
Consultor em Gestão Empresarial
Conselheiro do Sindipeças
Ex-Diretor Geral da Sabó e do Grupo Combustol & Metalpó

Sumário

Introdução ♦♦♦ 1

Capítulo 1
Conheça a sua geração ♦♦♦ 5

Capítulo 2
Descubra quem é você! ♦♦♦ 11

Capítulo 3
Fique atento aos erros que podem destruir a sua carreira ♦♦♦ 17

Capítulo 4
Cuide de sua apresentação pessoal ♦♦♦ 23

Capítulo 5
Torne-se um ser político dentro da empresa ♦♦♦ 31

Capítulo 6
Seja íntegro e pratique a civilidade ♦♦♦ 41

Capítulo 7
Cultive e valorize as boas amizades ♦♦♦ 49

Capítulo 8
Blinde sua carreira ♦♦♦ 57

Capítulo 9
Construa seu sucesso de forma consistente ♦♦♦ 65

Capítulo 10
Administre o seu ego ♦♦♦ 77

Capítulo 11
Não entre em rota de colisão com o seu chefe ♦♦♦ 93

Capítulo 12
Identifique os seus inimigos ♦♦♦ 101

Capítulo 13
Busque um mentor para auxiliá-lo no seu desenvolvimento ♦♦♦ 107

Capítulo 14
Fuja da ganância ♦♦♦ 119

Capítulo 15
Leia cada dia mais ♦♦♦ 129

Capítulo 16
Conheça os riscos e as oportunidades de uma carreira global ♦♦♦ 139

Apêndice A
De pai para filho ♦♦♦ 143

Apêndice B
Vamos à lista, composta por cem livros ♦♦♦ 149

Bibliografia ♦♦♦ 153
Notas ♦♦♦ 157
Índice ♦♦♦ 163

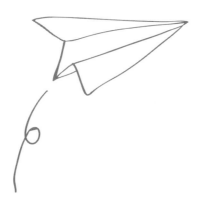

Introdução

Este é o meu 11º livro e o primeiro ao qual eu me dedico a escrever especificamente para o jovem que está entrando — ou que acabou de entrar — no mercado de trabalho. Nessa fase da carreira, muitas dúvidas rondam as nossas mentes. Tudo o que temos é apenas uma bagagem teórica que trazemos da universidade e que quase nunca reflete a realidade do que enfrentamos no dia a dia das organizações. Muito daquilo que fazemos nesse início de trajetória profissional pode ter reflexos ao longo de toda a nossa carreira. E é por isso que não podemos nos descuidar dessa etapa. Por outro lado, as organizações vivem o dilema da crise de talentos. Quando percebem em um jovem um grande potencial, procuram fazer de tudo para mantê-lo na equipe. Só que o jovem de hoje não é mais o mesmo de 20 anos atrás. Ele é inquieto por natureza, quer enfrentar e superar desafios diários no trabalho e tem muita pressa para conquistar dinheiro, posições na escala hierárquica e desfrutar de uma vida equilibrada. Sua ambição, em determinadas vezes plenamente justificável e em outras descabida, tem criado uma série de dúvidas diante dos gestores experientes. Como lidar com esse jovem? Como integrá-lo à equipe e fazer com que se sinta confortável e satisfeito? Como fazer para que os profissionais mais experientes aceitem esse jeito de ser sem que se sintam ameaçados? Como mostrar a ele que a empresa tem o seu próprio ritmo e não deseja ser atropelada por uma dose cavalar de ansiedade?

Essas são apenas algumas das questões que precisam urgentemente de respostas. Mas o fato é que as empresas estão no escuro em relação aos jovens que estão chegando agora ao mercado. Não existe ainda um consenso entre seus líderes na forma de tratá-los, pois eles estão diante de uma nova e desconhecida geração, batizada pelo mercado como "Geração Y" ou "Geração Net" ou ainda "Geração Millenium". Tais nomes surgem do nada e têm como objetivo rotular esses jovens e tentar identificar soluções padronizadas para o problema. É pura perda de tempo, pois o jovem de hoje não aceita ser colocado em camisas de força ou aprisionado em caixinhas do organograma. Ele é um subversivo, no bom sentido da palavra. E tem em suas mãos o futuro do mundo dos negócios.

No meio desse fogo cruzado, muitos talentos são desperdiçados e perdidos. Sem uma visão clara de como conduzir sua carreira, os jovens acabam se precipitando, tomando decisões erradas e que podem afetar de forma mortal o seu futuro profissional. Essa é a principal razão pela qual decidi escrever este livro. Quero oferecer aos jovens informações importantes, estratégicas e que joguem alguma luz na escuridão que é a carreira profissional para quem está começando. Quero estender-lhes a minha mão e colocar à disposição todo o meu conhecimento adquirido em mais de 30 anos atuando como consultor de carreiras. Espero que este livro seja uma espécie de guia de sobrevivência para os jovens na selva das organizações. Se atingir esse objetivo, ficarei muito feliz e realizado.

Os jovens representam 19,8% da população brasileira, segundo dados do IBGE — Instituto Brasileiro de Geografia e Estatística. A maior parte deles é vítima da decadência do ensino público e privado no Brasil — do primeiro grau aos badalados e caríssimos cursos de MBA. Ao mesmo tempo, ocupávamos em 2009 a 75ª posição no IDH — Índice de Desenvolvimento Humano, estudo desenvolvido pela ONU — Organizações das Nações Unidas. Esse dado descortina para o país um futuro sombrio e seguramente custará ao Brasil um gigantesco desperdício de talento humano. De acordo com o jurista baiano Rui Barbosa: "Cada competência que se rejeita [...], é um valor de cultura, um valor de produção, um valor de riqueza, que se subtrai à fortuna do país, e de que se priva o tesouro geral da humanidade. São atos de desperdício, dilapidação e loucura, com cada um do qual ninguém sabe quanto vai perder a nação e o gênero humano."

O valor de todo conhecimento humano é inestimável e inigualável. É superior a toda prata e ouro do planeta. Contudo, quando esse mesmo conhecimento é desprovido de prática, ele se torna inócuo e infrutífero. Para que se torne algo realmente valioso, é preciso que seja aplicado nas mais variadas atividades desenvolvidas pelo homem, tornando a sociedade melhor a cada dia.

Uma das formas mais consagradas para inspirar os profissionais que estão em início de carreira é colocar à sua disposição homens e mulheres que sejam referência naquilo que fazem. Dessa forma, ensina-se pelo exemplo. Mas hoje nós vivemos uma escassez de modelos capazes de ser referência. Poucos são aqueles em condições de instruir, guiar e inspirar os jovens. Da mesma forma, faltam aos jovens exemplos concretos no ambiente familiar. Sem eles, não existe educação formal que os corrija e os capacite a viver e a trabalhar de maneira responsável e honesta.

Existe a carência de uma filosofia de vida e de valores humanos que deem sustentação aos jovens em todos os instantes e circunstâncias da vida. Nas últimas décadas, muitos países transferiram a responsabilidade da educação de seus filhos às escolas, mas essas mesmas escolas são claramente incapazes de fazer isso com a devida competência. Infelizmente, são poucos os lares em que os pais ensinam seus filhos sobre ética, espiritualidade, civilidade, cidadania e, sobretudo, a importância da aquisição de conhecimentos por meio da leitura e do estudo solitário. Educar um filho significa colocá-lo sobre os próprios pés, a fim de que caminhe por si mesmo.

Vale a pena lembrar aqui uma história extraída da sabedoria milenar judaica. Certa vez, um rabino foi abordado por um casal preocupado com a educação de seu filho de 13 anos. Os pais queriam saber qual a melhor hora para educá-lo. Diante desse questionamento, o rabino perguntou qual era idade do menino. Ao ouvir dos pais que ele tinha 13 anos, o líder religioso respondeu: "Vocês estão 13 anos atrasados na condução da educação de seu filho." Moral da história: a melhor hora para começar a educação de um filho é quando ele ainda está no aconchego, no calor e na segurança do ventre materno.

Se o jovem não trouxer uma sólida educação do seu berço, ele ficará à mercê da degradação dos valores morais da sociedade atual, para quem não existem valores absolutos. Tudo parece ser relativo, o que inclui até mesmo a verdade. Caixa dois é considerado dinheiro não contabilizado. Propina e suborno se tornaram incentivos aos compradores modernos. A putrefação dos costumes políticos é vista como mero negócio. O bem-estar material passou a ser a única obsessão. A injustiça se converteu em justiça e a justiça em injustiça.

Não é objetivo deste livro oferecer lições morais ou partir para falsos moralismos. O que desejo é colocar em discussão essas e outras questões importantes para o desenvolvimento pessoal, crescimento profissional e o fortalecimento da cidadania do jovem que está começando a sua carreira. Ele deve saber que o fato de ter concluído uma faculdade, mesmo que de primeira linha, não garante necessariamente um amplo conhecimento humanístico e nem o preparo adequado para enfrentar os desafios da sociedade do conhecimento e da tecnologia. O advogado Francisco Mussnick em seu livro, *Cartas a um Jovem Advogado*, afirmou: "Geralmente, os alunos brasileiros não gostam de se preparar para as aulas. Esperam que o professor apresente o conhecimento pronto, mastigado. Uma atitude muitíssimo passiva. [...] Os estudantes acham que, se chegaram à faculdade, está tudo resolvido. Torna-se uma questão de decurso de prazo e não uma obra de esforço pessoal. Este tipo de postura prejudica o estudante, que deixa de aproveitar as oportunidades oferecidas pela faculdade de estabelecer relações com grandes profissionais e iniciar, assim, o caminho para uma carreira bem-sucedida." A vida e a carreira exigem muito mais, especialmente em termos da compreensão da própria natureza humana, seguramente o mais importante de todos os conhecimentos.

Com este livro eu pretendo deixar um legado às atuais e futuras gerações, e, em especial às minhas três maravilhosas netas — Izabel, Isadora, e Luiza; aos meus sobrinhos e, também, aos filhos e netos dos milhares de executivos que assessorei em período de grande turbulência e incerteza — a transição de carreira. Espero que cada palavra contida neste livro contribua para o seu crescimento pessoal, profissional e familiar. Boa leitura.

Capítulo 1

Conheça a sua geração

"A Geração Y exige mais dos empregados do que as gerações anteriores. Apesar de poder ajudar, mais dinheiro não é a resposta para motivar seus empregados da Geração Y. Acima de tudo, é a paixão do líder que fará a diferença e essa paixão precisa ser incorporada em uma causa na qual as pessoas possam se envolver — algo pelo qual elas possam ser conhecidas." [1]

Bruce Alexander Morton (1930-2014)
Correspondente de Televisão para a CBS News e CNN — EUA

Uma nova geração nunca surge do nada. Ela é fruto de um somatório de mudanças no sistema político, econômico, social e tecnológico de uma sociedade. Em qualquer mutação da história, tudo é transitório. Novos modelos de juventude virão depois da Geração Y, pois as mudanças são parte natural dos sistemas. No caso específico de sua geração, caro leitor, contribuíram para sua formação a tecnologia da informação e da comunicação sem fronteiras com todos os seus braços — satélite, TV, computador, telefone móvel, internet, etc. Os reflexos dessa mudança e seus desajustes mais críticos residem na velocidade, na pouca capacidade de ajuste e na acomodação. E isso tudo está apenas começando. Ao observarmos a Geração Y, nós compreendemos o presente — e não o futuro — como têm apregoado vários escritores. O futuro dependerá, obviamente, da acomodação dessa geração às anteriores e às futuras interferências globais.

A Geração Y não estimula apenas novos comportamentos, mas também novos valores, traduzidos em novos anseios profissionais: autonomia, independência, desburocratização, novas estruturas de poder ou descentralização do mesmo, e espaço irrestrito à inovação. Essa geração forma, portanto, uma nova cultura de trabalho que ultrapassa os conflitos de âmbito puramente humano e pessoal. O maior choque reside particularmente entre duas percepções ou "culturas" de trabalho. De um lado, as gerações atuais que têm visão hierarquizada, valores de lealdade e de estabilidade e que ainda navegam em uma infraestrutura tecnológica ultrapassada. Elas são adeptas a procedimentos e metodologias testadas. Do outro lado estão os jovens da Geração Y, que buscam novos métodos de trabalho. O valor mais importante para essa geração é a inovação. Parece até que seus representantes vieram ao mundo com essa característica estampada na testa, mesmo que não tenham ainda a menor ideia de custo, aplicação ou da necessidade de inovação.

Alguns escritores ensandecidos, e não são poucos, exageram em relação à revolução dessa nova geração: é como se o mundo devesse ser reinventado para abrigá-la. Eles a descrevem como se nada viesse depois dela, nem de bom ou de ruim. Sabemos que isso não é verdade, mas, apesar de transitória, como todas as gerações, ela deixará um legado e exigirá um esforço expressivo de todos aqueles que irão comandá-la ou influenciá-la sob a luz e os objetivos das empresas. A velocidade impressa nessa "nova cultura", já presente no mercado de trabalho, exige um novo posicionamento em frente ao seu impacto exponencial no mundo dos negócios, no consumo, na geração de novas tecnologias e na solução de problemas globais, entre eles: meio ambiente e sustentabilidade.

Na China, a Geração Y é maior do que a geração pós-guerra (Boomers). Na Índia, ela representa quase 50% da população e forma um dos mais importantes impulsos da economia mundial. No Brasil, é importante que você saiba, essa relatividade numérica é também muito expressiva, mas infelizmente não é fruto da boa educação (familiar e acadêmica), em sua grande maioria. O acesso ao estudo em nosso país tem suas bases na proliferação de escolas de segunda linha, diferentemente dos demais países emergentes que investem pesadamente na educação. Para nós, brasileiros, o problema é grave e endêmico. Grande parte dos nossos estudantes não conquista um lugar no mercado de trabalho e permanece no subemprego devido às políticas pobres de educação.

Você, como legítimo filho da era digital, traz pensamentos, expectativas e necessidades distintas daquelas que eram necessárias há alguns anos. As empresas, nacionais e multinacionais, em especial o escalão de gestores em todos os níveis, estão enfrentando dificuldades para conciliar sua cultura da era industrial com a atual, notadamente digital. As empresas, após a globalização e a luta pela competitividade, avançaram no conhecimento do mercado e das necessidades do consumidor. Evoluíram em novos modelos de negócios. Porém, em detrimento desses esforços, elas não conseguiram alinhar satisfatoriamente os seus recursos internos e a gestão. Percebemos hoje uma crise de liderança generalizada e a falta de profissionais preparados ou de potencial expressivo para ocupar posições de comando no futuro. Poucas são as empresas que estão sincronizadas com as exigências dessa e de futuras gerações.

Os jovens da sua geração aderiram a uma inusitada percepção horizontal sobre tudo. Para vocês, o mundo é plano. Vocês não foram modelados para pensar em sistemas e subsistemas. As pessoas que ocupam posições mais estratégicas dentro das hierarquias das empresas, ao contrário, são verticalizadas: têm noção de seus papéis e responsabilidades com limites bem definidos e consideram a colaboração interligada ao poder. Já os Nets buscam a colaboração "dentro do grupo", por afiliação, sem necessariamente respeitar a alçada e a subordinação. Eles são oriundos, em sua grande maioria, de famílias multiparentais (composição de vários relacionamentos e casamentos), onde não há o conceito estático em relação à autoridade. Por vezes responde para mais de um pai ou mãe. Têm irmãos agregados e não exclusivamente consanguíneos. E muitos de vocês, que já são pais, percebem isso em família. Nesse universo, os jovens atuais se tornaram mais maleáveis, com pouca tolerância ao autoritarismo e adeptos da negociação. O poder está presente na criatividade e na interação com os demais. Isso também alimenta ainda mais sua percepção horizontal. As suas fragilidades surgem quando essa percepção horizontal se esfacela diante de situações de dimensões maiores como nos momentos de crise e desestabilização. Ficam, literalmente, perdidos ou confusos por não terem ou não aceitarem um comando firme e uma liderança que os assegure.

Os jovens da Geração Y são orgulhosos de sua interatividade eletrônica e da capacidade que têm de lidar com diversas tarefas ao mesmo tempo. Isso, no entanto, não significa que tenham facilidade para lidar com problemas. Eles basicamente desconhecem problemas reais e adversos e buscam somente aqueles que escolhem. No ambiente empresarial, são contratados para lidar com as escolhas dos outros e, em especial, para resolver problemas que surgem arbitrariamente.

Os jovens dessa nova geração, como você, buscam diversão. Gostam de experimentar e sentir prazer naquilo que fazem. A sua energia é lúdica e, por vezes, os distanciam daquilo que é verdadeiramente importante e necessário para a organização, especialmente em termos econômicos, de mercado e de retorno financeiro. Os gestores, por outro lado, pertencem a uma geração orientada para resultados e abraçam as responsabilidades para atingirem as metas estabelecidas pela empresa, mesmo que tenham de enfrentar momentos tediosos. Portanto, para vocês é um enorme desafio integrar essas diferenças.

Sua geração adora customizar tudo, dos seus iPods aos mais diversos produtos de consumo. Esse hábito extrapola para a vida pessoal: eles sentem uma necessidade permanente de customizar seu tempo, seus rendimentos e os espaços nos quais trabalha e estuda. Faz parte da tendência de realizar o trabalho e o estudo em sua própria casa. Literalmente derruba as paredes das empresas e das escolas, como se repetisse o sentido político da derrubada do muro de Berlim. A liberdade pessoal para fazer escolhas parece já ter se incorporado nessa geração. Esses jovens não sonham com uma "identidade corporativa", grupo religioso, etnia ou status social. As empresas que empregam centenas ou milhares de funcionários não têm políticas customizadas e personalizadas (restaurante, equipamentos, móveis e salários, entre outros) para contemporizar essas exigências — e boa parte delas não faz sentido. O que os gestores têm diretamente a ver com isso? Tudo. Cabe a eles administrar as insatisfações e, especialmente, impedi-las do impacto direto na produção. Terão que participar da formatação de novas políticas juntamente com alta administração e a área de recursos humanos para, em conjunto, acharem soluções interessantes tanto para a empresa quanto para os empregados.

As mudanças que sua geração deseja implementar desafiam as fronteiras antes estabelecidas. Por um lado, a geração dos gestores é adepta à hierarquização do poder e tem clara distinção entre prazer pessoal e responsabilidades no trabalho, mesmo que angustiada com o pouco tempo dedicado à família em prol das expectativas de reconhecimento da empresa no médio e longo prazo, crescimento, estabilidade e futuro garantido. Esses são os valores que formaram a geração que antecedeu a sua. Em contrapartida, os Nets, com sua percepção mais egocêntrica de prazer, liberdade e velocidade, definem o que desejam — e de preferência agora e já!

Uma nova geração como a sua necessita de um ambiente ajustado àquelas necessidades detectadas como prementes a ela, como também necessita ser educada para acatar outras advindas das circunstâncias particulares de cada organização e prioritárias ao desenvolvimento e sucesso dos seus negócios. Isso é inevitável e inadiável. Cabe aos gestores rever o seu modelo de gestão, o ambiente, os interesses recíprocos e o ajuste da velocidade requerida a fim de possibilitar que o encontro das diferenças promova a colaboração. As contribuições valorosas não emergem dos momentos de calmaria e muito menos dos meios igualitários ou excessivamente padronizados. O mesmo acontece com o aprendizado: quanto mais diverso o ambiente, mais rico o conhecimento e a experiência. Não é necessário reinventar a roda, mas é importante continuamente reorganizar todo o conjunto de habilidades necessárias para incorporar os diversos estilos sem perder de vista a produtividade e a competitividade de mercado. O bom retorno está sempre associado aos grandes saltos tecnológicos, humanos e sociais. Estamos nessa encruzilhada. Quanto maior o desafio, maior o potencial para o avanço em todas as suas dimensões: econômica e humana.

O avanço deve ser esperado pelos dois lados: empresa (modelo de gestão, ambiente, e políticas de desenvolvimento humano) e indivíduos, independentemente de sua geração. Porque todos nós, profissionais de qualquer geração, somos exímios em certos assuntos e ao mesmo tempo e principiantes em outros. A relação no trabalho entre empregadores e empregados necessita ajustar expectativas para assegurar compromissos e melhorar a comunicação, a fim de garantir a negociação e interagir para construir continuamente novos modelos de colaboração, produção e eficiência.

Como em nossas vidas, e também como ocorre em toda a natureza, há momentos de desordem que se alternam. Esse é o ganho genial entre o convencional e o inusitado, entre uma geração e outra, enfim, entre as mutações. Escreveu Humberto Eco em sua obra *História do Tempo*: "O futuro deve ser o lugar para onde vamos, e não algo que virá até nós, onde estamos agora."

Jovens e não tão jovens são todos agentes da transformação. Qualquer geração deve aspirar uma vida que faça sentido. E o "sentido de vida" não é encontrado nos outros, nem nas circunstâncias. Ele não pode ser "achado" porque reside no nosso íntimo: e como tal você não o acha, você o coloca naquilo que escolhe.

Capítulo 2

Descubra quem é você!

> *"Quanto mais uma pessoa analisa seu ser interior, mais insignificante ela parecerá a si mesma. Esta é a primeira lição da sabedoria. Sejamos humildes e nos tornaremos sábios. Conheçamos nossas fraquezas, pois isso nos dará força."*[1]

A Geração Y (ou Geração Net ou, ainda, Geração Millenium) conquistou a sua maioridade e se apresenta ao mercado de trabalho com credenciais, formação acadêmica, cultura, valores e filosofia de vida diferenciados. E não é nada que se assemelhe aos valores da Geração Baby Boom (1946-1964) e da Geração X (1965-1997). Você, que faz parte dela, deve saber que se trata de uma geração totalmente diferente da dos seus pais. Pela primeira vez em nossa civilização, segundo Austin Locke, comediante, escritor e produtor de cinema norte-americano: "Essa mesma geração está educando as gerações mais velhas.[2] É também a primeira vez que lidamos com uma geração sujeita aos costumes globais, fruto do avanço da tecnologia da informação e da comunicação sem fronteiras." A Microsoft, segundo Nicholas Carr, ex-editor da revista Harvard Business Review, pretende ser a pioneira na criação de interfaces "ser humano-computador"[3] com finalidades lucrativas. De acordo com suas informações, a empresa recebeu a patente de um "método e aparato para transmitir energia e dados usando o corpo humano". No formulário de pedido de patente, a Microsoft descreve a maneira pela qual está desenvolvendo a tecnologia que transformará a pele em um novo tipo de condutor elétrico ou "ônibus" que pode ser usado para conectar "uma rede de aparelhos plugados a um único corpo humano".[4]

Don Tapscott (1947), escritor, pesquisador, palestrante e consultor canadense, define os jovens da Geração Y nos seguintes termos:

- Eles ambicionam liberdade em tudo o que empreendem — da liberdade de escolha à liberdade de expressão em todas as suas formas.
- Eles amam customizar e personalizar.
- Eles são os novos escrutinadores de todas as coisas.
- Eles buscam por integridade e transparência corporativa.
- Eles querem "entretenimento" e "prazer" no trabalho, na escola e na vida social.
- Eles constituem a geração da colaboração e do relacionamento.
- Eles sentem necessidade de velocidade — e não apenas em vídeo games.
- Eles são inovadores.[5]

É claro que essas características assustam boa parte daqueles profissionais mais experientes e que sonhavam em enfrentar menos turbulência no trabalho. Eles se sentem ameaçados. Muitos partem para o contra-ataque e procuram espalhar pelas empresas visões preconceituosas sobre os jovens da Geração Y. Na hora do cafezinho com os amigos, eles destilam todo seu veneno com afirmações como essas:

- Eles são mais burros do que nós éramos na idade deles.
- Ficam grudados na tela, são viciados na internet, perderam sua habilidade social e não têm tempo para esportes e atividades saudáveis.
- Eles perderam a vergonha.
- Por serem muito protegidos pelos pais, estão soltos no mundo com medo de escolherem seus caminhos.
- Roubam e violam direitos de propriedade intelectual.

- Perseguem seus amigos online.
- São violentos.
- Não têm ética no trabalho e são maus funcionários.
- Formam uma geração narcisista e egocêntrica.
- Não ligam para nada, só para eles.

Portanto, meu caro jovem, você deve desde já fazer as seguintes perguntas a si mesmo: Quais são as verdadeiras chances dos jovens da minha geração obterem sucesso na busca de trabalho em empresas dominadas pela Geração Baby Boom? Será que encontrarei um ambiente hostil à minha postura mais agressiva? Os gestores estão devidamente preparados para conversar, discutir, avaliar, selecionar, desenvolver, motivar, premiar e promover pessoas como eu que fazem parte dessa nova tribo?

Vamos às respostas: sim, você tem boas chances de ter sucesso em empresas dominadas pela Geração Baby Boom porque elas precisam de jovens inovadores e talentosos ao seu lado. Sim, as chances de encontrar um ambiente hostil são grandes, mas você conseguirá sobreviver se agir com cautela e dentro de determinados princípios que explicarei mais adiante. Por fim, boa parte dos gestores não sabe lidar com os jovens da Geração Y, mas muitos estão se esforçando para compreendê-la e criando as condições para que ela possa contribuir com o sucesso das empresas. Portanto, você encontrará dificuldades, mas elas são superáveis.

Se você está se preparando para entrar no mercado de trabalho ou já conquistou o seu primeiro emprego, deve ter consciência dos seguintes aspectos:

- Faltam boas oportunidades para os jovens entre 17 e 24 anos de idade devido, principalmente, ao descompasso em nosso país em prepará-los para a nova realidade global e transformações constantes.
- Você encontrará um mundo totalmente diferente de seu mundo ideal. A sua liberdade não será geral e irrestrita. O mundo organizacional tem hierarquias, limites, regras, procedimentos e políticas que devem ser respeitadas. E você será avaliado tendo como base padrões antigos, mesmo que sua empresa seja considerada moderna.

- Você provavelmente está plugado em diferentes redes, mas provavelmente não deve ter a mesma desenvoltura no seu convívio social. Boa parte das redes que estão por aí é superficial, efêmera e destituída de conteúdo. Sua geração tem muita informação, mas nem sempre possui sabedoria e bom senso para superar os desafios que surgirão no trabalho. Você precisa amadurecer rapidamente para agir e fazer as escolhas certas.
- A motivação de sua geração é transitória e, por vezes, instável. Para empreender uma carreira é necessário ter paciência, habilidade política, inteligência social e emocional e tolerância à adversidade. Você deve ter torcido o nariz para essas observações, mas peço que prossiga com a leitura do livro e me dê a oportunidade de mostrar como enfrentar tudo isso. Respire fundo. É um aprendizado que fará bem à sua carreira.

As primeiras sugestões que posso lhe dar para ter sucesso na busca do primeiro emprego são essas:

- Procure compreender como as empresas operam. Elimine nesta etapa qualquer julgamento de valor ou preconceito. Apenas avalie profundamente os valores da organização, o objetivo, a missão, as fontes de onde emana o poder e qual o perfil de seus funcionários.
- Procure entender também as gerações anteriores, seus motivos, crenças, valores e comportamentos. Você terá de conviver com elas e precisa saber com quem está lidando.
- Estude e aprenda o mais que puder sobre a natureza humana, especialmente a comunicação. Como ainda não tem muita experiência profissional, terá que negociar cada passo que der e a cada instante.
- Não despreze o passado da organização e de seus funcionários.
- Embora você tenha extrema intimidade com as ferramentas mais modernas de comunicação — e-mails, torpedos e MSN, entre tantas outras — procure privilegiar o contato face a face. Ele é mais caloroso e permite construir relacionamentos mais consistentes do que

o contato virtual. Habilidades sociais exigem o conhecimento das regras de boa conduta e etiqueta. Menosprezá-las pode ser interpretado como um ato de pura rebeldia ou mesmo ignorância.

- Fuja dos guetos. Homens de sucesso não andam em bando ou em manada. Daí porque são reconhecidos no mundo inteiro pela sua distinção e visão acima da média dos homens comuns. Eles procuram se distinguir na multidão. Os fundadores do site de buscas Google, Larry Page e Sergey Brin, disseram certa vez, durante uma entrevista, que eles não estavam "interessados só em aperfeiçoar nosso mecanismo de busca. O que nós queremos realmente é fundir nossa tecnologia com o próprio cérebro humano".[6]

- Coloque em prática no trabalho os pontos fortes de sua geração: o acesso às informações, a facilidade de formar redes de relacionamentos, a curiosidade, a criatividade e o desprendimento. As empresas estão carentes de profissionais com esse perfil e irão valorizá-lo.

- Procure entender que o mundo não é apenas feito do presente e que sua geração logo estará diante de outra nova geração com características próprias e distintas da sua. Lembre-se sempre que a velocidade dos acontecimentos só tende a aumentar, assim como o surgimento de novas tecnologias. Se você não tomar conhecimento dessa realidade, ficará ultrapassado antes do tempo.

O mundo está em evolução constante e permanente. Portanto, se você observar algumas dessas regras, poderá entender melhor o curso de sua historia e de sua carreira e fazer algo que, além de produtivo, seja perene para o seu sucesso.

Capítulo 3

Fique atento aos erros que podem destruir a sua carreira

"Observar o cabelo crescer é entediante, e seria improvável que uma pessoa pudesse notar o crescimento microscópio dos fios. De modo análogo, o caminho para a destruição é muitas vezes igualmente sutil."[1]

Tem sido cada vez mais comum ver executivos que ocupavam as páginas dos cadernos de negócios e economia dos principais jornais do país passarem a ser destaques das manchetes policiais. Você deve ter acompanhado pela imprensa alguns dos inúmeros escândalos perpetrados por profissionais admirados, reverenciados e considerados como grandes estrelas do mundo dos negócios. Não tenha receio e nem perca a esperança em relação à construção de um mundo melhor, inclusive de nossas instituições privadas e públicas. Apesar de todos esses problemas, o mundo está mudando para melhor a cada dia. Toda essa avalanche de escândalos envolvendo altos executivos de algumas das maiores empresas globais fatalmente contribuirá para a melhoria dessas mesmas instituições, que estão se tornando mais rigorosas na hora de contratar profissionais.

A história da humanidade sempre foi povoada de figuras degradantes, desonestas e corruptíveis. Portanto, são velhas conhecidas. E embora devamos estar atentos aos seus movimentos para não sermos prejudicados, jamais podemos deixar que qualquer temor impeça nossa ação ou a realização de qualquer objetivo. Ao contrário do que diziam os filósofos racionalistas, o homem não é bom por natureza. Não é a sociedade que o corrompe. Ao contrário, o homem é corrupto por natureza. Se não fosse a graça divina, todos estariam completamente perdidos.

Os executivos flagrados com a boca na botija geralmente sofrem inúmeras perdas. Todos, sem exceção, mancham de maneira irremediável a imagem pessoal. Eles perdem a credibilidade, a reputação pessoal, o poder, a fama de executivos *superstars* e uma remuneração milionária. Alguns costumam ser arrancados de seus luxuosos escritórios, algemados e presos diante das câmeras de televisão do mundo inteiro. Não é difícil imaginar o prejuízo que causam também às suas famílias e à sociedade como um todo. O preço das ações das empresas que dirigem normalmente despenca. Qualquer deslize nesse sentido, em um mundo globalizado e digital, leva poucos segundos para ser de conhecimento de todo o globo terrestre.

Portanto, eu acho importante alertá-lo sobre alguns aspectos:

- Alguns dos erros que cometemos aparentemente podem não ter relevância ou ser tratados como meros equívocos. Mas nós devemos aprender com eles. Os erros que cometemos e que geralmente não consideramos importantes guardam um perigo potencial. Eles estão associados à nossa imaturidade, ingenuidade e ignorância. Os mais comuns são a escolha dos amigos errados, as avaliações precipitadas das circunstâncias e de pessoas, a incapacidade de pensar em profundidade sobre os problemas, acreditar cegamente nas pessoas, não planejar a própria carreira, confiar o futuro profissional à empresa ou ao chefe, confundir aquilo que as pessoas são com a posição que elas ocupam, subestimar o jogo político nas empresas e abrir a vida pessoal para qualquer pessoa.

Cada um desses erros, isoladamente, pode não trazer sérias consequências em curto prazo, mas o conjunto ou a frequência com que são cometidos impede o progresso da sua carreira e contribui para a formação da baixa autoconfiança. Você constrói uma imagem que não é tão boa e que ao mesmo tempo não é tão má. Ou seja, você se torna mais um na multidão e passa pela vida e pelo trabalho sem ser notado. Não concorre às promoções e fica na mediana. A baixa autoconfiança tende levar você a cometer novos erros e a adotar comportamentos arrogantes para compensar a sua falta de expressividade ou para se afirmar por imposição. Uma categoria de erros leva a um novo padrão errático até mesmo para aliviar tensões pessoais as quais você não dá conta de enfrentar. Daí você fecha os olhos para as mudanças, não trata com coragem suas vulnerabilidades, não corre riscos com medo de perder o que já ganhou, não aceita a crítica mesmo que construtiva, torna-se o dono da verdade (soberbo e arrogante), acredita ser mais esperto do que todas as outras pessoas e subestima a importância dos relacionamentos para o seu progresso pessoal.

Esses erros são típicos daqueles que se queixam constantemente dos outros e do ambiente, acham que a empresa não os reconhece e não lhes oferece novas oportunidades. São os que se colocam como vítimas, não reveem suas crenças e formam um abismo enorme entre si mesmos e o trabalho. Em geral são demitidos por baixa performance, obsoletismo ou ineficiência. Tais erros têm impacto direto na carreira, que não decola. As pessoas viciadas nesse padrão errático não têm compreensão de suas próprias falhas e, em geral, ao serem demitidas, são incapazes de perceber os reais motivos do desligamento. É como se não tivessem consciência de seus atos e de suas consequências. São ingênuas. Os erros da ignorância atentam sempre para a própria pessoa, por comprometer o seu desenvolvimento e a adaptabilidade profissional.

- Outros erros nos causam prejuízos de maior dimensão. São os aspectos negativos do comportamento, atitude e personalidade pouco orientados e formadores de maus hábitos. Se forem mantidos ou incentivados, podem se tornar catastróficos. Estão associados à indolência, à imprudência, à insensatez e à intolerância. São ainda os mais comuns: pressa na hora de tomar uma decisão, escolha dos subordinados errados, comunicação displicente, despreparo para uma apresentação, procrastinação, o hábito de jogar os problemas para debaixo da mesa até que eles resolvam por si mesmos, a escolha da empresa ou do chefe errado, a sombra feita a um chefe ou omissão de informações a fim de comprometer o superior. Falar demais e não saber ouvir também são defeitos que compõem essa lista, assim como dar satisfação a quem não pediu, agir por teimosia e, principalmente, valorizar a própria ignorância, aceitando as coisas sem nenhum questionamento, inclusive de si mesmo.

Esses erros se mantêm em uma situação limítrofe entre a baixa autorresponsabilidade e os aspectos éticos. Eles compõem a antítese do bem-servir. Em geral, se há baixa autorresponsabilidade, existem também dificuldades para competir de forma construtiva e sadia. As pessoas nesse padrão errático adotam atitudes manipulatórias na tentativa de se sobrepor à situação. Elas criam feudos e se comportam de forma ambígua em relação ao poder. Tornam-se imprudentes e inconvenientes. Na maioria das vezes têm boa noção dos conflitos nos quais se envolvem, mas não procuram correção. Por se tratarem de hábitos já cristalizados, os indivíduos perdem a noção do impacto que eles causam nos outros. Quando preteridas a posições mais altas e desafiadoras, ou quando demitidas, expressam uma raiva profunda ou experimentam um enorme sentimento de rejeição. Tendem a pôr a culpa nos colegas, no chefe, na empresa e nas circunstâncias. Não desejam, assim, entrar em contato com seus próprios erros a fim de aprenderem.

- Os erros que nos nocauteiam não são numerosos, mas são mortais e estão associados à improbidade. Estão bem esclarecidos na lei, constantes da missão e do código de conduta das empresas e listados nos procedimentos internos, mas mesmo assim são muitas vezes desrespeitados por diversos profissionais, indistintamente de sua posição hierárquica. São os erros de caráter — ou da falta dele. São os valores frouxos. É a pouca, ou nenhuma, consideração com o semelhante e com os bens que não lhe pertencem. Dizem ainda respeito à tolerância e à intolerância: assédio moral ou sexual, quebra de confiança (violação de segredo ou informação restrita), uso indevido do dinheiro e dos bens da empresa, falcatruas, sabotagens, espionagens e extorsão para benefício próprio. São erros praticados de sã consciência e de má-fé. Alguns desses erros acabam severamente punidos como manda a lei, enquanto outros terminam impunes.

Essa é uma das formas de classificar os erros que cometemos. Outra maneira, mais voltada para a psicologia, identifica três tipos de erros, todos começando com a letra "I":

1. **Irracionais.** Quem os comete, carece de aprendizagem, pois sua causa é decorrente da ignorância, do desconhecimento, da ingenuidade, da falta de interesse em aprender e da displicência. Esses erros provocam danos especialmente na própria pessoa. São fáceis de serem cometidos, porém não devemos subestimá-los, assim como também não podemos ser indolentes em relação a eles. Ao cometê-los, você está automaticamente reduzindo a velocidade e a força que deseja imprimir em sua carreira. Reconheça-os e aja rapidamente de forma inteligente, caso contrário ficará para trás.

2. **Irresponsáveis.** A pessoa que os comete necessita de uma profunda mudança de hábitos e de atitudes. Nesse grupo de erros estão a fofoca, a falta de pontualidade, o hábito de tentar conquistar para si o mérito que é de outra pessoa, o comportamento inadequado, a ausência de etiqueta, etc. Para evitá-los ou corrigi-los é preciso rigor, disciplina e empenho. São mais difíceis de serem detectados por estarem intimamente relacionados à sua inteligência emocional e social. Exigem um fino ajuste entre percepção e autocontrole, entre a imagem própria (como você se percebe) e a reação das pessoas que interagem com você (se há aderência ou conflito). A correção

desses erros é fundamental, pois, sem isso, você não se expressará com liberdade e será difícil obter a aceitação dos outros, algo que é fundamental para o seu sucesso.

3. **Inaceitáveis.** São erros provocados por problemas de caráter como roubar, mentir, desrespeitar os valores das pessoas e da empresa, não cumprir normas estabelecidas e aceitas por todos, etc. Quando são cometidos, causam danos irreparáveis porque afetam o sistema como um todo. São, portanto, previsíveis, sinalizados, proibidos e detestáveis. Tais erros devem ser evitados a todo o custo, independentemente da influência do ambiente, das pessoas ou de seus anseios. Para tanto, tenha prioritariamente a sua bússola, o seu vetor a lhe guiar os passos e o comportamento.

Capítulo 4
Cuide de sua apresentação pessoal

"Essa era a beleza de Nelson Mandela. Só a maneira como andava. A maneira como se conduzia. Levantava a moral dos outros prisioneiros. Levantava a minha. Só de vê-lo andar com confiança."[1]

Quando o assunto é apresentação pessoal, basta fazer um pequeno esforço para puxar da memória uma série de frases que povoam a sabedoria popular. Você já deve ter ouvido algo como "a primeira impressão é a que fica" ou "você nunca terá a segunda chance para causar uma primeira boa impressão" ou ainda "todos julgam segundo a aparência, ninguém segundo a essência". Embora todas sejam velhos clichês, elas guardam em si uma grande verdade: cuidar da aparência é essencial para o sucesso profissional. A maneira como você se veste, o modo como cumprimenta as pessoas e como se conduz nos mais diferentes ambientes revelam muito sobre seu caráter e o seu grau de civilidade. William Shakespeare escreveu em *Hamlet*, uma de suas mais famosas peças, que "a roupa costuma revelar o homem". Isso era verdade quando começou a escrever a obra, em 1599, e continua sendo nos dias atuais em qualquer canto do mundo.[2]

É um erro acreditar que a maneira como as pessoas se vestem é uma preocupação menor e superficial. Há quem diga que o mais importante mesmo é a essência interior do profissional — o seu caráter. Não discordo do fato de que o caráter de uma pessoa é a base verdadeira de uma personalidade atraente, contagiante e influenciadora. Mas também é uma verdade incontestável que uma roupa elegante e adequada, o sorriso na hora certa e gestos de cortesia podem chamar mais atenção para o seu talento. É como se esses atributos fossem a embalagem de um conteúdo valioso que é a sua competência profissional. A primeira impressão ainda é de vital importância para sua vida e sua carreira. Três fatores contribuem para uma apresentação que o distinguirá e o colocará em total vantagem sobre tantos outros jovens de sua geração:

1. **Roupas e acessórios.** Vista-se todos os dias com o objetivo de causar uma primeira boa impressão.
2. **Linguagem corporal.** Cumprimente seu interlocutor com um aperto de mão firme, mas não como se fosse um quebra-nozes. Transmita segurança e gentileza em seu olhar. Gesticule de forma moderada e seja assertivo na forma como se comunica. Isso não significa que o tom de sua voz deva ser contundente ou agressivo. Use uma linguagem culta e evite gírias. Demonstre interesse por aquilo que a pessoa está dizendo. Quando não tiver opinião sobre um assunto ou não souber do que se trata, diga polidamente que não tem todas as informações para emitir um julgamento.
3. **Grau de civilidade.** Seja educado em todos os lugares e circunstâncias de sua vida. Gestos simples como segurar a porta do elevador para alguém ou deixar as mulheres entrarem primeiro em um ambiente demonstram sua preocupação com aqueles que estão à sua volta.

Todos esses cuidados são importantes e podem fazer a diferença na hora de você participar de uma entrevista de emprego, quando for avaliado para uma possível promoção ou mesmo cogitado para viajar a negócios para fora do país. Eles são importantes também na sua vida pessoal. Que mulher se interessaria por um homem que se veste de forma deselegante, é grosseiro e não sabe se comportar em público? E vice-versa? Como seria o seu círculo de amizades nessas condições? Não se deixe enganar e se influenciar pelos discursos dos tolos, que podem ironizar o fato de você se vestir bem ou ser muito educado. Eles querem arrastá-lo para o lugar-comum: o lugar dos medíocres e perdedores.

Sempre que digo isso, eu me recordo da minha infância e da minha juventude. Venho de uma família simples, porém exigente nesse e em outros aspectos de minha educação e formação. O dinheiro era curto para uma família constituída de nove irmãos. Isso, no entanto, não me impediu de me apresentar de maneira caprichosa em todas as ocasiões. As roupas eram rigorosamente limpas e bem passadas e era eu mesmo quem lavava e passava cada uma das peças com um ferro cheio de brasas ardentes. Quando tinha apenas sete anos, participei de um desfile de comemoração do Dia da Independência, no 7 de setembro. Eu era aluno do Grupo Escolar Tenente Coronel José Correia, na cidade do Açu, interior do Rio Grande do Norte. Naquela ocasião, para me mostrar mais elegante e forte, papai encheu os bolsos traseiros de minha primeira calça comprida, branca, com jornais. Parecia que tinham "empalhado" o meu bumbum. Mas o fato é que fiquei muito elegante e fui bastante elogiado.

Nessa mesma época eu tinha como hábito assistir o desfile pelas ruas da cidade dos membros de uma família de fazendeiros ricos. Eles iam todas as tardes acompanhar a missa na Igreja de São João Batista, padroeiro da cidade, que era celebrada pelo padre Júlio Bezerra. Todos estavam sempre impecavelmente vestidos, bem penteados, elegantes e perfumados. E eram respeitados pela população não só pelo dinheiro que tinham, mas também pela elegância. Estava claro, para quem quisesse ver, a importância de se vestir e de se comportar adequadamente.

Infelizmente os jovens de hoje geralmente não conseguem causar uma primeira boa impressão porque descuidam desses detalhes. A culpa não é deles, mas sim do fato de ninguém ter dado esse tipo de orientação. Você não pode cometer esse erro. A carreira profissional exige um determinado padrão na arte de se vestir, de se apresentar, de se conduzir e de se comunicar. Qualquer displicência de sua parte poderá lhe custar um futuro promissor. G. K. Kingsley, empresário norte-americano bem-sucedido, escreveu: "Três características físicas me impressionam particularmente quando sou apresentado a alguém. Em primeiro lugar, e antes de mais nada, um aperto de mão firme, mas não tão firme que provoque desconforto. Em segundo, olhar nos meus olhos quando fala comigo. Em terceiro, uma boa postura."[3]

Aqui estão algumas recomendações que, se observadas com bom senso, poderão ajudá-lo a se destacar entre os trinta milhões de jovens brasileiros que competem por uma posição no mercado de trabalho:

- Vista-se para o sucesso. Invista em sua aparência e saiba que nem toda roupa e nem toda a moda se adequam ao seu ambiente de trabalho. Como saber que tipo de roupa usar? Observe o estilo e o padrão de vestuário dos principais líderes da organização que você pretende trabalhar — ou que já trabalha. Use roupas que sejam compatíveis com a sua idade, personalidade, peso, posição que ocupa e o ambiente. Bom gosto e elegância não têm relação direta com o tamanho de sua conta bancária e, menos ainda, de sua classe social. Vestir-se bem e com elegância é uma questão de estilo pessoal e de bom gosto. Não se inspire exclusivamente na moda ou em seu padrão financeiro.
- As mulheres devem evitar usar roupas muito justas — e não há aqui nenhum falso moralismo. As pessoas vão reparar se você quiser chamar a atenção usando essa estratégia e provavelmente isso lhe custará alguns pontos negativos com seu chefe. As roupas não devem marcar o corpo, nem ser transparentes, muito curtas ou excessivamente longas. Também não devem ter cores extravagantes, brilhantes nem decotes acentuados. Não use acessórios em exagero e muito menos perfume e maquiagem excessivos. Evite cabelos molhados ou sujos quando for trabalhar.
- Os homens devem usar camisas bem cortadas e gravatas limpas, sem manchas. Há pesquisas que revelam que 80% dos homens usam gravatas sujas, fazem nós malfeitos e, especialmente, na altura errada. O que deveria ser um acessório de distinção nesses instantes, acaba se tornando um desalinho para a imagem. Cabelos compridos, barba malfeita, roupas amarrotadas e sapatos sem polimento

pegam muito mal. Isso sem falar naquela famosa cara de ressaca no dia seguinte por causa de uma balada na noite anterior.
- Os sapatos devem estar sempre limpos e brilhando. O seu terno deve necessariamente ser bem recortado e estar impecável. Fuja das cores não convencionais tanto para os ternos como para os sapatos. Prefira as camisas de cores mais claras e clássicas, como branco, azul e bege. Apresente-se como um príncipe, não como um andarilho.
- Comunique-se e comporte-se como um diplomata em terras estrangeiras. Fale com eloquência, assertividade, autoconfiança, conhecimento e sabedoria. Conduza-se com decência.
- Nunca minta, pois, se você for pego no contrapé, isso poderá ser fatal para suas pretensões. As pessoas perderão a confiança e olharão sempre com certo receio para tudo aquilo que disser. François de Callières, diplomata e secretário de Luís XIV, disse certa vez uma frase incontestável: "Uma mentira sempre deixa uma gota de veneno atrás de si. E mesmo o sucesso mais retumbante, se conquistado à custa de desonestidade, ergue-se sobre uma base insegura, pois desperta, na parte derrotada, um sentimento de exasperação, um desejo de vingança e um ódio que constituirão sempre em uma ameaça para seu adversário."[4]
- A maioria das empresas exige que seus profissionais sejam fluentes no idioma inglês. Não é para menos: trata-se da linguagem universal do mundo dos negócios. O problema é que muita gente por aí fala muito bem o inglês, mas dá sérias escorregadas quando se comunica em seu idioma nativo, o português. Essa falha pode ser tão ou mais grave do que não ter o domínio de outro idioma no seu currículo. Portanto, leia muito para aprimorar o seu português, pois você precisa falar e escrever corretamente.

Comporte-se sempre com educação e civilidade, mesmo que esteja nervoso devido a algum problema profissional ou pessoal. Nada lhe dá o direito de ser grosseiro ou mal-educado com ninguém, nem mesmo com aquelas pessoas que estão abaixo de você na hierarquia da empresa. Observe as regras de civilidade:

- Seja prudente.
- Pense antes de falar.
- Escute mais do que fala.
- Mantenha sua boca fechada e só se manifeste quando for solicitado.
- Não retribua o mal com o mal.
- Ame os seus inimigos.
- Não julgue para que não seja julgado.
- Demonstre sabedoria em seus gestos e falas.
- Manifeste-se sempre de maneira agradável.
- Respeite a individualidade das pessoas e reverencie os mais velhos.

Amanhã, quando você ingressar em uma organização e conquistar o seu primeiro emprego, descubra quais são as regras que predominam no local. Elas quase nunca são declaradas abertamente, mas podem ser descobertas com uma observação atenta. Toda organização tem o seu próprio estilo. Algumas são tradicionais e cultuam com veneração sua história e valores, caso de Johnson & Johnson, Cargill Agrícola, IBM, Procter & Gamble, Heinz, Walmart, General Electric, H & P, Bradesco, Banco Itaú e Grupo Votorantim, entre tantas outras. Há aquelas que têm valores bem definidos, porém adotam um estilo aberto e agressivo, como Microsoft, Apple, Google, Ambev, etc. Elas não podem ser consideradas empresas convencionais. Como você pode ver, há perfis de empresas para todos os gostos. Entender o código dessas empresas e como brilhar dentro delas é fundamental para o seu sucesso. De acordo com Peggy e Peter Post, em seu *Manual Completo de Etiqueta nos Negócios*, "entender o código e como brilhar dentro dele não só lhe permite expressar a sua individualidade como envia a mensagem subliminar de que você é confiante e otimista. O ideal é que você permaneça dentro dos limites do que é apropriado, expressando quem é e onde está decidido a chegar, adaptando seu vestuário conforme for necessário".[5]

Há muitos anos atrás, eu li o livro *Ideals and Moral Lessons*, cuja publicação data de 1919. Esse livro pertencia ao meu sogro, John Former Detweiler (1917–1990). Em suas páginas eu me deparei com um capítulo sugestivo chamado "Você nunca se arrependerá", cujos ensinamentos valem para você ainda hoje, um século depois. Numa tradução livre, o poema diz o seguinte:

> *Quando pensar o melhor dos outros.*
> *Quando perdoar aqueles que o ofenderam.*
> *Quando cumprir suas promessas.*
> *Quando for paciente com os teimosos.*
> *Quando tiver compaixão pelo oprimido.*
> *Quando transmitir uma boa influência.*
> *Quando pedir perdão ao errar.*
>
> *Quando se recusar a ouvir histórias vulgares.*
> *Quando for honesto em tudo.*
> *Quando abrigar pensamentos bons.*
> *Quando honrar seus pais.*
> *Quando tiver uma disposição alegre.*
> *Quando for cortês.*[6]

- Utilize os seus espaços pessoais (mesa e baia onde trabalha, por exemplo), sociais e corporativos com elegância, distinção e sabedoria. Nunca se torne um jovem inconveniente. Respeite também o espaço dos seus colegas. É comum encontrarmos pessoas que não respeitam esses princípios. Você provavelmente deve se lembrar de algum amigo de escola ou de faculdade que fazia questão de evitar na hora de estudar em grupo ou de ir para uma balada, não é mesmo? Essas pessoas têm o dom de afugentar os demais. Eu me lembro de ter sido contratado certa vez pelo presidente de uma multinacional para conduzir um projeto de *coaching* — orientação profissional — para um de seus vice-presidentes. Ao discutir com o presidente sobre algumas das vulnerabilidades do seu executivo, ele não titubeou: "É um profissional que não sabe definir claramente o seu espaço, principalmente junto ao higher-ups."

No mundo das organizações, posição é sinônimo de status e de poder. Por isso, é importante você levar em conta a posição que ocupa a pessoa com quem está conversando. Não é recomendável uma excessiva familiaridade com pares, superiores e subordinados. Mantenha uma respeitosa distância das pessoas durante as conversas formais e informais. Evite tocá-las, dar-lhes tapinhas nas costas ou abraços que insinuem uma intimidade que não existe. Aqui vale a recomendação de Peter Post em seu livro já citado neste capítulo: "Em vez de você se empilhar em cima das pessoas com quem fala, dê um passo atrás (cerca de meio metro é uma distância razoável). Se alguém fala muito baixo, você talvez tenha de se inclinar para ouvir o que a pessoa está falando, mas recue quando for sua vez de falar [...]. Tome consciência das diferenças de altura; fique a uma distância suficiente para que o outro não se sinta incomodado e nem precise olhar para cima ou para baixo para falar com você. Tenha uma consideração especial pelas pessoas portadoras de deficiências físicas — alguém em uma cadeira de rodas ou com deficiência auditiva — e não espere que colegas com muletas, engessados ou se recuperando de lesões fiquem em pé batendo papo por muito tempo."[7]

Aprenda a praticar esses comportamentos e posturas enquanto você ainda está em início de carreira. Se fizer isso, eles se tornarão hábitos corriqueiros em sua vida pessoal, familiar, social e profissional.

Capítulo 5

Torne-se um ser político dentro da empresa

> *"Nunca pareça mais inteligente ou mais bem informado do que a empresa com a qual trabalha. Trate o seu conhecimento como se fosse um relógio de bolso. Deixe-o guardado. Não fique contando os minutos, mas informe as horas quando lhe perguntarem."*[1]
>
> Lord Chesterfield (1694-1773)
> Político e escritor inglês

A conquista do primeiro emprego é um momento especial na vida de todo profissional. Trata-se de um marco que simboliza o início da carreira e de um longo aprendizado. Para conquistar esse prêmio, a pessoa geralmente passa por um rigoroso processo de seleção que inclui entrevistas, testes psicológicos, dinâmicas de grupo, mais entrevistas, análise de seu histórico escolar e daquilo que fazem os seus pais, exames médicos... A lista é longa. Nessas horas surgem muitas dúvidas, principalmente em relação a como se comportar em um ambiente novo e desconhecido, como lidar com as pessoas, como se comportar diante do chefe, o que pode ser feito ou não, etc.

Todo profissional que ingressa no mercado de trabalho precisa ter em mente alguns aspectos importantes e que tornarão a sua adaptação ao novo emprego mais fácil e uma experiência rica:

- O mundo empresarial é totalmente diferente de qualquer outro que você já conheceu ou vivenciou anteriormente, por mais que tenha estudado sobre ele durante sua busca pelo primeiro emprego.
- Nunca confunda sua família com a sua empresa. Elas são duas instituições inteiramente distintas.
- Tome muito cuidado com as pessoas ao seu redor para não se magoar ou se ferir. Seja cauteloso e criterioso na escolha de suas amizades. Nem todos que trabalham ao seu lado servem para ser seus amigos ou confidentes.
- Evite, a todo custo, revelar suas vulnerabilidades, inquietudes, inseguranças e intimidades. A empresa não é o melhor lugar para fazê-lo. Você não está em um consultório de psicólogos, psicoterapeutas ou de psicanalistas. Portanto, mantenha reserva sobre as suas questões pessoais, familiares e financeiras.
- Aprenda a decifrar as pessoas pela sua linguagem corporal e a interpretar a alma delas pelas expressões faciais. Acredite: elas revelam muito sobre os indivíduos.
- O mundo das organizações, como você logo descobrirá, é extremamente competitivo, veloz, exigente, surpreendente, desafiador, inseguro e cheio de armadilhas.
- Uma das primeiras coisas que você certamente ouvirá dos seus novos colegas é que a vida nas empresas se assemelha a uma densa selva. É verdade. O gregarismo do homem, como observou Bertrand Russell, Prêmio Nobel e célebre filósofo inglês contemporâneo, "é mais resultante do egoísmo do que do instinto". Porém, não se intimide com tais comparações e questões. Aprenda a viver nessa selva por mais inóspita e feroz que ela seja. A vida é luta renhida que abate apenas os mais fracos. Daí a célebre expressão pronunciada pelo 33º

presidente dos Estados Unidos, Harry Truman: "Se não aguenta o calor, saia da cozinha."²
- Mantenha-se fiel aos seus ideais e valores morais. Na vida e na carreira, nada é mais importante do que sua reputação e sua integridade.

Saber lidar com todos esses detalhes o torna um ser político — não um político profissional como os que ocupam cadeiras no Senado ou no Congresso Nacional. Aqui o sentido é outro. Ser político é saber se movimentar com desenvoltura nesse ambiente típico das organizações e construir uma carreira vitoriosa. Infelizmente, as universidades raramente ensinam aos seus alunos essa arte dos deuses. Mas não se preocupe: você pode buscar essas informações em bons livros e estudar a fundo o assunto.

A maioria dos jovens que conquistam seu primeiro emprego raramente tem consciência dessa realidade e estão despreparados para enfrentá-la. Muitos acreditam que, se realizarem o seu trabalho com competência e dedicação, serão reconhecidos e promovidos. O fato é que isso não é suficiente para garantir o sucesso de um profissional. Ao longo de minha carreira como consultor nas áreas de *coaching* executivo e *outplacement*, tenho aconselhado inúmeros profissionais cujas carreiras descarrilaram simplesmente porque eles não prestaram atenção à importância desempenhada pelo jogo político nas organizações. Nenhum profissional alcança as posições mais elevadas se não se tornar um ser político. Kathleen Kelley Reardon, Ph.D., professora de administração na USC's Marshall School of Business e autora do livro *The Secret Handshake*, afirma: "*Em qualquer posição, quando você atinge um certo nível de competência, a política é o que fará toda a diferença no seu sucesso. Nesse ponto, tudo é política. A cada dia, pessoas brilhantes ficam para trás em relação a colegas mais hábeis na política porque não conseguem o apoio crucial para suas ideias. [...]*"³

Recentemente aconselhei um profissional vindo de uma grande instituição financeira. Ele estava em processo de transição de carreira e buscava uma nova oportunidade profissional. Depois de longas conversas para análise do seu currículo e de sua trajetória profissional e de uma avaliação dos novos caminhos que poderia percorrer, ele me enviou o seguinte e-mail: "Só gostaria de adicionar a este e-mail uma observação: eu assumo total responsabilidade pela falta de sucesso no relacionamento com a minha última gestão no banco... Eu gerenciei mal minha carreira e, por falta de maturidade, acreditei que teria sucesso apenas se gerasse grandes resultados. Foi um grande erro. Eu joguei muito mal o jogo político e paguei um alto preço por isso. Hoje, eu posso afirmar que aprendi a lição e que a conjugação de trabalho com o jogo da política corporativa é que faz o sucesso da nossa carreira. E tomo o devido o cuidado de aplicar esses princípios que aprendi com o sofrimento na minha própria carne."

É provável que você ainda tenha dúvidas sobre como se dá o jogo político nas organizações. Não é para menos, pois estará lidando com algo complexo. Todos nós levamos um certo tempo para aprender a jogá-lo com competência. De qualquer maneira, este é o melhor momento para começar a jogá-lo. Seja sábio, invista no seu desenvolvimento e expanda a sua capacitação e inteligência política. Nessas horas, nós não costumamos ser muito receptivos a esses princípios do jogo político e caímos em armadilhas que são velhas conhecidas, como dizer coisas do tipo "eu não sou político", ou "eu não sei fazer política", ou "eu não gosto de política", ou ainda "política é coisa suja, prefiro fazer o meu trabalho". Esse é um erro praticado até mesmo por muitos profissionais maduros e experientes. No íntimo, nós acabamos nos esquecendo de que o homem é um ser eminentemente político, como observou Aristóteles (384–322 a.C.), filósofo grego: "O homem é naturalmente um animal político, destinado a viver em sociedade, e que aquele que, por instinto e não porque qualquer circunstância, o inibe, deixa de fazer parte de uma cidade, é um ser vil..."[4]

Eu reconheço que existem profissionais que fazem jogo sujo nas organizações. São invejosos e trapaceiros, tentam cortar caminho para alcançar o poder, inflacionam suas realizações e mentem e falsificam informações para se beneficiar. Mas você precisa ter em mente que sua carreira é muito curta, especialmente com o advento da internet, que acelera todos os processos: as pessoas ascendem mais rapidamente e também se desgastam mais rapidamente. O caminho que levava no passado 30 anos para ser percorrido, hoje pode ser feito na metade do tempo, com todos os prós e contras que isso acarreta. Atualmente é comum vermos muitos presidentes de empresas com 32 anos de idade, algo inimaginável há duas décadas. Eles chegam mais rápido ao topo, mas também caem mais rapidamente. Estude a vida de profissionais que naufragaram, apesar de todo seu brilhantismo, e logo descobrirá que muitos deles não foram éticos e íntegros em seu dia a dia de trabalho.

Certa ocasião, o renomado cientista Albert Einstein foi abordado por um de seus admiradores, que o indagou: "Dr. Einstein, por que apesar de a mente do homem ter conseguido descobrir a estrutura do átomo, ainda não fomos capazes de desenvolver meios políticos para impedir o átomo de nos destruir?" Ele prontamente respondeu: "É simples, meu amigo. É porque a política é mais complicada que a física."[5]

De fato, fazer o jogo político é mais complexo do que o estudo de qualquer tipo de ciência exata — matemática, física, astrofísica, etc. — por algumas razões:

- Nós raramente somos ensinados no berço, ou durante os mais de vinte anos de escola, sobre a sua relevância nos diferentes ambientes sociais. Portanto, somos em princípio ingênuos em relação ao poder.
- Nós quase nunca somos instruídos sobre a importância da aquisição do conhecimento da natureza humana, um dos saberes mais complexos e vitais para o desenvolvimento de uma carreira de sucesso.
- É raro investirmos tempo e dinheiro na aquisição de bons livros sobre a arte da política. Consequentemente, nós chegamos às organizações como verdadeiros cegos. Não temos a menor noção sobre como nos conduzir em diferentes níveis e ambientes da vida corporativa.
- As empresas, e muitos de seus executivos, tratam a discussão desse assunto como se ele fosse um tabu. Agem como se ele não existisse ou tivesse importância.
- Muitos indivíduos preferem empreender suas carreiras na escuridão. Eles temem a claridade da luz e fogem dos estudos como o diabo foge da cruz. A ignorância e o desinteresse na aquisição de novos saberes sobre a boa arte da política estagnarão a sua carreira.

O seu futuro profissional é muito importante para entregá-lo à própria sorte ou confiá-lo a um chefe — mesmo que preparado e bem-intencionado — ou a uma empresa, por melhor que ela seja. Portanto, controle o seu destino, caso contrário alguém o fará por você de maneira perversa.

Aqui estão algumas recomendações que objetivam orientá-lo e ajudá-lo ao longo dos cursos de sua carreira. Elas são fruto de mais de 45 anos de estudos, pesquisas e observações que desenvolvi sobre o comportamento humano. Tive sorte na vida porque despertei cedo para os estudos da política e do poder. Foi uma questão de sobrevivência.

- Vá a uma boa livraria, adquira e leia as melhores obras sobre política corporativa. Concentre-se principalmente na leitura dos clássicos. Não perca tempo lendo "almanaques" ou livros superficiais.
- Faça um diagnóstico honesto sobre seu nível de conhecimento e grau de competência e inteligência política. Avalie no seu íntimo quais sentimentos agitam a sua alma em relação ao próximo — se de consideração, respeito, simpatia, empatia, altruísmo, ou então de desconsideração, inveja, ciúme e raiva, entre outros sentimentos. Observe a recomendação de Sócrates, filosofo grego: "Homem, conhece-te a ti mesmo."
- Identifique que tipo de comportamento ou atitude o torna vulnerável perante seus pares, subordinados e superiores no ambiente de trabalho: excesso de humildade, arrogância, timidez, incivilidade, ambição exacerbada e doentia, isolamento e negativismo, entre outras posturas. Li Quan, general chinês, disse: "As vantagens e as desvantagens são interdependentes — primeiro conheça as desvantagens, e então conhecerá as vantagens."[6]
- Preste muita atenção aos lugares que frequenta e os amigos que o cercam em todos os instantes de sua vida e carreira. Poucos são os que servem para serem bons amigos. Não saber escolhê-los torna-os ainda mais raros. Baltasar Gracián, padre jesuíta, muitos séculos atrás, observou: "Nunca nos liguemos a quem nos ofusca e sim a quem nos realça. [...] Tampouco devemos correr o risco de estar mal

acompanhados nem honrar outros à custa de nosso próprio prestígio. Para fazer-se na vida, junte-se a pessoas destacadas."[7]

- Aprofunde o seu conhecimento sobre a natureza e a psicologia humana. Isso o livrará de muitas ciladas, perigos, intrigas, incompreensões e quedas. Enganar-se com as pessoas é o mais terrível dos enganos e também o mais fácil de ser cometido.

- Estude o currículo de todos os seus concorrentes em potencial — berço familiar, formação acadêmica, nível de exposição internacional, abrangência de suas atividades sociais, esportivas, religiosas e políticas, histórico e desempenho profissional, imagem e reputação interna e externa, entre outras questões. Isso o ajudará a determinar suas reais chances de triunfo sobre eles. Quanto mais bem informado você estiver sobre essas questões, mais preparado estará para competir e ganhar o jogo. Portanto, preste atenção em tudo e a todos. Conhecimento é poder. Mas não se esqueça de que, às vezes, você poderá apostar no cavalo favorito e ser surpreendido pelo azarão. Faz parte do jogo.

- Faça alianças estratégicas em sua organização, principalmente com o seu superior imediato. A ascensão de sua carreira dependerá dele, seja ele competente ou não. Portanto, mantenha-se leal e verdadeiro, nunca minta ou forneça informações erradas e imprecisas, procure apoiá-lo em todas as circunstâncias, esteja sempre preparado para ajudá-lo quando for solicitado, evite criticá-lo em público ou denegrir sua imagem e reputação, seja simpático na hora de fazer suas reivindicações e antecipe-se às suas necessidades e exigências.

- Aproveite enquanto você ainda é visto como uma novidade dentro da empresa. "A novidade", afirmou Baltasar Gracián, "por ser diferente, a todos agrada; refresca o gosto e estima-se mais a mediocridade nascente do que a sumidade habitual".[8] Na vida corporativa, o seu período de lua de mel não ultrapassa seis meses. Se nesse breve período de tempo você não der o seu recado, é bem provável que nunca mais o dará.

- Cuidado com sua conduta. Nunca perca a compostura. Qualquer deslize, por mais simples que seja, poderá lhe custar uma boa promoção ou até mesmo determinar a morte de sua carreira. Recentemente tomei conhecimento sobre um promissor executivo que, convidado pelo presidente para participar de um jantar em Roma com um membro do conselho da diretoria de sua corporação, caiu em desgraça temporariamente. Eis o relato contado pelo próprio presidente: "Nós bebemos um drink à mesa do jantar, pedimos uma garrafa de vinho e tudo estava indo muito bem. Então, quando o prato principal foi servido, Pete repentinamente caiu de cara sobre o prato de tagliatelle com trufas, desmaiado. O problema é que ele estava tão nervoso com a reunião que havia tomado três martínis no hotel antes do jantar. Eu acho que esses foram os martínis mais caros que alguém já tomou, porque custaram a ele sua carreira. Eu tive que falar com o rapaz na manhã seguinte: Fico feliz em mantê-lo no emprego, mas agora você não vai mais a lugar algum."[9]

    Outro exemplo foi o que aconteceu com o ex-CEO da Hewlett-Packard, Mark Hurd. Ele renunciou sua prestigiosa posição em meio a uma investigação de assédio sexual. O inquérito, segundo notícia divulgada na imprensa, concluiu que não houve violação da política contra assédio sexual da empresa, mas descobriu violações das normas de conduta empresarial da HP. A confissão do próprio Mark Hurd fala por si mesma: "Com o progresso da investigação, eu percebi que houve casos em que eu não agi de acordo com as normas e princípios de confiança, respeito e integridade que eu havia adotado na HP e que me guiaram em toda a minha carreira."[10]

Esses são exemplos que mostram os motivos para você procurar ser grandioso em sua conduta e postura. Objetive a superioridade em tudo o que faz e não terá necessidade de se justificar sobre os seus atos e conduta. Você deve se esforçar para conquistar a simpatia de todas as pessoas ao seu redor. Jamais deve sacrificar os seus princípios em função de ganhos rápidos. Ser simpático não significa ser um profissional sem ideias ou opiniões próprias, sem firmeza em suas palavras ou ações gerenciais, sem coragem para apontar erros e exigir a sua correção. Também não significa ter tolerância aos desvios éticos e morais em seu ambiente ou ser um bajulador.

Ser simpático significa ser mais tolerante com aqueles que esboçam ideias ou opiniões diferentes das suas e compreender que os homens estão sujeitos ao erro. Adquira cada vez mais competência social para navegar com sabedoria e prudência no curso da vida e da carreira. Você deve tratar todas as pessoas com respeito, dignidade e sensibilidade à dor e ao sofrimento alheio, independentemente do seu gosto ou afeto pessoal. Lembre-se, no entanto, que jamais conseguirá agradar todas as pessoas. Por mais que faça o bem, você encontrará aqueles que atirarão pedras em seu caminho. De qualquer maneira, não se torne hostil e não perca o humor. Haja sempre de maneira positiva e construtiva. Seja cordial.

É importante também que você viva os valores de sua organização e observe com singular atenção todas as suas convenções. É sabido que muitas vezes elas não estão escritas em nenhum manual ou expressas de forma clara e visível. Mas, mesmo assim, elas estão lá. Você necessita observá-las, caso contrário poderá pagar um preço por transgredi-las.

Nos últimos anos, muito se tem falado e escrito sobre a importância de "quebrar todas as regras". Compreendo o valor de ser diferente e de não se submeter às políticas corporativas esclerosadas. Mas como você está iniciando sua carreira, o mais recomendado é se adaptar às regras, pois você ainda não está completamente inteirado sobre elas. Procure conhecê-las e segui-las. Depois de observá-las e estudá-las, aí sim você terá condições de sugerir modificações viáveis e práticas ao seu chefe.

Uma das queixas mais ouvidas sobre a Geração Y é a de que ela não se submete facilmente e não aceita orientação dos mais experientes. Ela deseja mudar tudo na organização, a partir de seu primeiro dia de trabalho. Justamente por isso ela gera conflitos estressantes e inócuos e rivalidades irreparáveis. Tenho aconselhado muitos executivos em transição de carreira que, por não observarem essa premissa, se deram muito mal e foram demitidos. Motivo alegado: eles não tinham o perfil da empresa e criaram mais problemas do que soluções.

A carreira é mesmo uma jornada complexa e cheia de surpresas. Contudo, você tem todas as condições de empreendê-la com sucesso. O mais importante nessa viagem é a utilização do bom senso. Sem ele, você não irá a lugar nenhum por mais preparado que esteja. E bom senso não é algo abstrato, mas sim o resultado da observação, da avaliação imediata de suas diversas experiências e da inclinação para dar uma resposta mais adequada ao momento. Requer o uso da sua inteligência no mais amplo sentido: racional, emocional, estratégico e político.

Tudo na vida tem dois lados, o positivo e o negativo, o débito e o crédito. A empresa não é diferente. Portanto, olhe o seu lado positivo, compensador e gratificante. Afinal, ela oferece a um jovem com o seu nível de preparo excelentes oportunidades.

Capítulo 6

Seja íntegro e pratique a civilidade

"Os líderes devem dizer a verdade destemidamente a todo o momento, sem pesar as consequências. Quando confrontados com um dilema moral ou legal, eles devem sempre escolher a ação ética."[1]

O Brasil vive hoje um período de grave e profunda crise de civilidade. Se a sociedade não se mobilizar para estancar e debelar o assustador nível de desrespeito aos princípios básicos de civilidade humana, o país não sobreviverá como nação no futuro. As pessoas estão, pouco a pouco, destruindo sua natureza de seres humanos criados à imagem e semelhança de Deus e incorporando outra totalmente contrária à de sua criação original, fonte de sua identidade mais sublime. Francis Fukuyama, professor de economia política internacional na Paul H. Nitze School of Advanced International Studies, da Johns Hopkins University, em seu livro *Our Posthuman Future*, de 2002, descreveu da seguinte forma o momento em que vivemos: "O mundo tornou-se antinatural no mais profundo sentido imaginável, porque a natureza humana foi alterada. Ninguém leva mais a religião a sério e o cristianismo é uma lembrança distante. Ninguém sente dor, faz escolhas morais difíceis, nem faz qualquer das coisas que associamos tradicionalmente ao ser humano."[2]

A cada novo dia somos surpreendidos com notícias de atos e crimes bárbaros praticados por pessoas das mais variadas classes sociais, inclusive daquelas mais favorecidas financeiramente. Um dos crimes que mais chocaram e comoveram a opinião pública brasileira nos últimos anos foi o Caso Richthofen. Uma das rés, Susane Louise von Richthofen, 19 anos à época e estudante de direito, foi acusada de ter planejado o assassinato de seus próprios pais com o auxílio do então namorado Daniel Cravinhos e de seu irmão, Cristian Cravinhos.

Ao mesmo tempo, o consumo de drogas — maconha, cocaína, heroína e craque, entre outras — se desenvolve assustadoramente no seio da sociedade e faz suas vítimas diariamente. Recentemente, o mundo tomou conhecimento que a herdeira milionária da Johnson & Johnson, Casey Johnson, foi encontrada morta em sua residência com sintomas aparentes de overdose.

Da mesma maneira, o crime organizado cresce como erva daninha e desafia as instituições e as autoridades constituídas. É o poder paralelo dos criminosos em sua ação perversa e destruidora. No final de julho de 2010, o comandante da Rota do estado de São Paulo sofreu um atentado em frente a sua residência. Dias depois, dez carros da Policia Militar foram destruídos pelos bandidos.

O desrespeito ao próximo é evidente em todos os lugares. Em hospitais, aeroportos, repartições públicas, empresas privadas, restaurantes, supermercados, escolas públicas e particulares, faculdades, teatros, salas de cinemas, ruas e avenidas, etc.

Este é um período da história brasileira em que o tecido social nacional parece esgarçar-se com uma rapidez cada vez maior, em que o egoísmo insano, a individualidade exacerbada, a competição suja e desonesta, a mesquinhez de espírito e de alma, a avareza descontrolada e vil, o desejo de ganho rápido e sem nenhum esforço e a incapacidade de homens e mulheres de se comoverem com a dor e os sofrimentos alheios parecem estar fazendo apodrecer o caráter das pessoas, a bondade, a honestidade, a generosidade, o amor, o sentimento de justiça e de altruísmo, a paciência e o respeito ao próximo de nossas vidas em sociedade. É possível enumerar uma série de situações recentes que chocaram o país pela total falta de respeito à sociedade:

- Os trotes violentos ocorridos nos últimos anos em algumas de nossas universidades. Colegas veteranos humilham, maltratam, aterrorizam e até mesmo matam os recém-chegados à universidade. Quem não se lembra do jovem estudante de medicina encontrado morto no fundo de uma piscina de um de nossos maiores campi universitários? No início de 2010, de acordo com uma denúncia, um estudante de veterinária sofreu agressões físicas e psicológicas durante oito horas. Outro afirmou ter sido obrigado a beber álcool combustível. A cada ano surge uma nova surpresa cada vez mais desagradável. Outro caso que ganhou as manchetes de jornais foi o de Geisy Arruda, de 20 anos, estudante da UNIBAN em São Bernardo do Campo, no ABC paulista, que foi ofendida pelos seus colegas de faculdade por ir à aula usando um vestido curto. A jovem teve de chamar a polícia para sair de dentro da sala de aula.
- Uma jovem embriagada dirigia seu automóvel quando produziu um acidente automobilístico na região de Pinheiros, bairro nobre da cidade de São Paulo. Ela, tão logo que bateu na traseira do automóvel de uma professora universitária, desceu de seu carro, foi imediatamente tomar satisfações. Em seguida, começou a bater na referida professora, que implorava para que ela se acalmasse. A jovem estava totalmente incontrolável e, soube-se mais tarde, já tinha provocado outras intrigas anteriormente.
- Um estudante carioca desrespeitou as leis de trânsito e fez uma conversão em local proibido (um túnel que estava em manutenção noturna). Ele dirigia em alta velocidade e atropelou e matou sem nenhuma chance de defesa um jovem músico de 18 anos com um futuro promissor pela frente. E qual foi a reação do jovem criminoso e de seu pai? Esconderam o carro em uma oficina mecânica para consertá-lo o mais rápido possível com o objetivo de se safar

do crime. Depois, tentaram subornar os policiais com a quantia de dez mil reais.

- No dia 25 de julho de 2010, dois adolescentes gaúchos foram surpreendidos após se masturbarem diante da câmera do computador para milhares de internautas. A cena registrada nesse dia, como todos sabem, não é caso isolado no universo da juventude brasileira. A moda de se exibir em poses e comportamentos nada civilizados em câmeras na internet vem crescendo a cada dia entre os jovens. A adolescente sueca, Caroline Magnerholt, de 20 anos, provocou grande controvérsia na Suécia ao se masturbar diante das câmeras para promover o festival de música de Arvika. O vídeo foi publicado na página do evento na internet, segundo reportagem do jornal sueco "Aftonbladet". Sua justificativa para esse comportamento foi a seguinte: "É algo que todo mundo faz, e é perfeitamente natural." E, acrescentou: "Não tenho nenhum problema em mostrar o meu rosto, porque não é algo que deva me envergonhar." A gerente de marketing do evento, Emma Finnkvist, disse: "O vídeo se destinava a promover um sentimento de alegria nas pessoas."

- Durante a Copa do Mundo de Futebol de 2010 na África do Sul, o jogador Felipe Melo passou de herói a vilão na eliminação brasileira da Copa. Motivo: seu comportamento truculento e incivilizado. Ao dividir uma bola, ele propositalmente pisou na perna de um jogador da Holanda. Recebeu o cartão vermelho e foi sumariamente expulso de campo, prejudicando a seleção e decepcionando milhões de torcedores.

- Um aposentado de 65 anos matou a tiros uma funcionária da Secretaria Municipal da Saúde de Correia Pinto, em Santa Catarina. Suas justificativas para o crime: "Há cerca de um mês, aproximadamente, procurava ajuda para tratar hipertensão no posto de saúde local e, em pelo menos cinco ocasiões, voltei para casa sem ser atendido." Praticou o crime, segundo disse, em nome do povo e porque não suportava mais o descaso no atendimento.

- No final de 2009, Margareth Smith foi contratada por uma importante empresa multinacional do setor de tecnologia. Ela estava entusiasmada com os desafios que lhe foram confiados. Era, aparentemente, a empresa e o trabalho de seus sonhos. O ambiente era agradável e as oportunidades de crescimento, muito boas. Seus colegas, sempre que solicitados, a ajudavam sem nenhuma queixa ou má vontade. E, não menos importante, seu desempenho estava à altura das expectativas do chefe. Comprovação: os bônus fluíam para sua conta bancária a cada trimestre. Seis meses após sua contratação, seu chefe a convidou para participar de uma reunião com um cliente em potencial que representava um grande volume de vendas. As chances de fecharem um contrato milionário eram as melhores possíveis. Eles saíram animados para a reunião. Mas durante o encontro aconteceu um episódio extremamente desagradável e incivilizado. O seu telefone celular tocou. Era de sua residência, mas ela não atendeu. Novamente, o seu telefone tocou e, outra vez, resolveu ignorá-lo. Na terceira ligação seguida, ela pediu desculpas e finalmente atendeu o celular. Em frações de segundos, desligou o telefone e o colocou sobre a mesa. Seu chefe, enraivecido com os insistentes telefonemas, pegou o aparelho celular e o atirou no chão, partindo-o em vários pedaços. Tudo isso na frente do cliente em potencial. Nesse momento, ela se sentiu constrangida, aviltada e exposta negativamente a um cliente em potencial. Sentiu que a sua voz tinha desaparecido, que os seus olhos lacrimejavam e suas mãos tremiam. Esse ato de incivilidade corporativa, conhecido também como bullying, era o começo do fim de sua carreira na empresa, como ela apropriadamente previu. A partir daquele momento, seu chefe começou a tratá-la com total indiferença e desprezo, não a consultava mais sobre assuntos de sua competência e não a convocava para as reuniões semanais. Foi demitida três meses depois.

Ao ingressar no mercado de trabalho, você fatalmente descobrirá que algumas organizações e executivos não estão imunes a comportamentos, atitudes e ações incivilizadas. Portanto, prepare-se para conviver com eles, já que poderão fazer parte do seu universo de trabalho. Como se proteger disso? Uma das melhores maneiras é encontrar modelos superiores para imitar. Se algum indivíduo incivilizado — seja ele subordinado, par ou superior — aparecer ao longo de seu caminho, não se amedronte, não se apequene e não se desespere. Ele também poderá contribuir para o desenvolvimento e o aperfeiçoamento de seu caráter. Ensinará a você que tipo de comportamento deve evitar. Não tenha medo de agressões verbais, gestos obscenos, críticas injustas ou comentários incivilizados. Só os moralmente fracos se sentem impelidos a se defender ou se explicar aos demais. Deixe que a beleza de sua superior civilidade fale a seu favor. O bem sempre triunfa sobre o mal por mais que pensemos ao contrário. Portanto, onde quer que você esteja ou trabalhe, comporte-se sempre como uma pessoa civilizada, educada, diferenciada e digna.

A maioria dos jovens costuma se comportar de acordo com o estilo de suas tribos. É humana a tendência de imitar os hábitos, a linguagem e o comportamento daqueles com quem interagimos e nos identificamos. Adotamos, muitas vezes irrefletidamente, seus interesses, opiniões, hábitos, linguagem e conduta. Lembre-se que, embora muitas de suas amizades possam ser bem-intencionadas, elas podem influenciá-lo negativamente. Faça e dê o que há de melhor em você mesmo e o universo lhe compensará no seu devido tempo. Mantenha um padrão de civilidade elevado.

Sempre existirão, nas empresas, chefes truculentos e incompetentes que prejudicam seus subordinados. Na maioria das vezes, eles desejam apenas humilhar as pessoas, subjugá-las, dominá-las e vomitar sobre elas as suas mais profundas frustrações interiores. Eles escondem dentro do peito um alto índice de carência afetiva, desconforto social, vida familiar desestruturada e filhos que são vitimados pelas drogas. Além disso, são incapazes de conviver com o próprio "sucesso" que tanto sonharam. As palavras de John Kennedy, presidente dos Estados Unidos da América do Norte, assassinado covardemente, podem nos reanimar e nos colocar em novo caminho de nossa história: *"Os nossos problemas são criados pelo homem e, portanto, podem ser resolvidos pelos homens. E o homem pode ter a grandeza que quiser. Nenhum problema do destino humano está acima dos seres humanos. A razão* *e o espírito do homem têm muitas vezes resolvido o aparentemente insolúvel — e cremos que possam fazê-lo de novo."*³

Caro leitor, à luz dessas observações do dia a dia de nossas vidas e carreiras, gostaria de lhe oferecer para reflexão alguns princípios de civilidade que poderão distingui-lo de maneira superior em um mundo incivilizado:

1. Reflita e incorpore os ideais e princípios de civilidade que você gostaria de vê-los em ação todos os dias de sua vida. Mantenha-os sempre diante de seus olhos e habitue-se a praticá-los, independentemente do que os outros jovens como vocês pensam ou fazem. Lembre-se de que a única pessoa a quem você deve dar satisfação é você mesmo.

2. Seja íntegro em todos os seus afazeres. No seu lar, nunca esconda de seus pais, por mais severos que eles sejam, os seus erros e desvios. Na escola ou faculdade, não cole ou desrespeite os seus professores. Lembre-se que os seus pais trabalham duro a fim de lhe oferecer a melhor educação que podem comprar. Cada ato de desonestidade praticado por você durante sua vida escolar ou acadêmica é um desperdício que terá um preço alto no futuro. No trabalho, desempenhe da melhor maneira possível a função para a qual foi contratado. Não aceite de você mesmo menos do que a excelência em tudo o que faz. Eu aprecio muito uma observação feita por Harry Truman, ex-presidente dos Estados Unidos, e que quero compartilhar com você: "Desde que era criança no colo de minha mãe, eu acredito na honra, na ética e que a vida honesta seja a sua própria recompensa."

3. Respeite e trate todas as pessoas que encontrar ao longo de sua vida e carreira com dignidade, do mais novo ao mais velho, do mais humilde ao mais poderoso, do mais medíocre ao mais intelectualizado, do mais ignorante ao mais civilizado. Para interagir com todos eles, é fundamental que você compreenda a alma e a natureza humana. O que é a comunicação senão a compreensão de sua mensagem pelo seu interlocutor? Além disso, não despreze as opiniões alheias. Elas também têm o seu lugar. Raramente vale a pena ser rude e não há

nada mais perigoso do que uma ideia quando se tem apenas uma. Portanto, como sempre digo, cuidado com o homem de um livro só. Ele é extremamente perigoso.

4. Escute primeiro e só depois fale. É comum na juventude, e até mesmo na idade madura, desejarmos exibir os nossos conhecimentos, virtudes, competências e realizações. Porém, uma das habilidades mais importantes e exigidas de um profissional que aspira uma carreira bem-sucedida é a capacidade para manter a sua boca fechada. Assim você não passará aos demais um ar de arrogância. Mark Twain, escritor norte-americano, escreveu esses mesmos princípios de outra maneira: "As boas maneiras consistem em esconder o quanto pensamos bem de nós mesmos e o quanto pensamos mal dos outros."[4] Manter a sua boca fechada tem dois propósitos distintos: primeiro, você estará mais protegido de comentários de seus inimigos; segundo, você não sabe o que o seu interlocutor fará com as suas palavras. Portanto, tenha cautela.

Capítulo 7

Cultive e valorize as boas amizades

"A amizade traz um espírito de boa vontade que nutre os relacionamentos. Criar laços de amizade leva tempo e requer confiança, mas onde ela está presente o trabalho do líder fica mais fácil e a força do time aumenta consideravelmente."[1]

Ter como hábito o empenho para desenvolver e cultivar novas e construtivas amizades é uma grande virtude. Quando feita de maneira correta e sem interesses escusos, essa estratégia gera excelentes frutos e que, naturalmente, o ajudarão na vida e na carreira. Uma pessoa sem amigos é um ser solitário, triste e que não conta com o apoio de seus semelhantes nos momentos da adversidade ou até mesmo de prosperidade. Quando você está em uma posição de vantagem, eles se aproximam para se aproveitar da situação — e não apenas por sua causa. Já quando você vive momentos de dificuldades, eles geralmente desaparecem.

A necessidade de ter amigos é tão antiga quanto o surgimento do ser humano na face da Terra. No livro de Gênesis, lemos que Deus, ao criar o primeiro homem, logo constatou que ele não poderia viver isolado e sozinho: "Disse mais o Senhor Deus: Não é bom que o homem esteja só; far-lhe-ei uma companheira..."[2]. Aristóteles, em *Ética a Nicômaco*, VIII, 1, também demonstrou sua preocupação: "Sem amigos ninguém escolheria viver, mesmo que tivesse todos os outros bens."³

As amizades verdadeiras são valiosas, porque nos arrastam para patamares superiores, realçam e enaltecem o nosso brilho pessoal, revigoram e fortalecem o nosso caráter e ampliam as nossas inesgotáveis fontes de sabedoria por meio de conversas lúcidas, inteligentes e bem-humoradas. Os verdadeiros amigos estão sempre dispostos a nos ouvir com genuíno interesse, a nos dizer verdades desagradáveis, mas necessárias, e a remover as dúvidas de nossas mentes.

Cada pessoa que surge na sua vida é diferente de você em algo. Algumas vêm de berços ricos, outras de berços pobres. Muitos estudaram em escolas de primeira linha, outros em escolas de segunda e terceira linha. Outros, ainda, tiveram o privilégio de estudar no exterior e de conhecer o mundo. Milhares de outros nunca saíram de suas vilas ou bairros. Há os que valorizam tremendamente a cultura em toda a sua amplitude e os que a renegam, alegando que isso é coisa para intelectual.

Apesar de ter passado a infância e a juventude no pequeno universo de minha cidade natal, meu pai, um homem extremamente simples, porém sábio, me falava todos os dias: "Meu filho, procure estar acompanhado de pessoas que são melhores do que você em alguma coisa." Acredito que entre todos os conselhos que ouvi dele diariamente, esse foi o que mais me marcou até o presente estágio de minha vida. Sempre procurei fazer amizade com pessoas singulares no que empreendiam. Essa minha posição me ajudou tremendamente desde então.

Gostaria de propor a você uma reflexão sobre suas amizades. São apenas seis questionamentos. Peço que seja sincero na hora de respondê-los:

1. Como você define o seu melhor amigo?
2. O que você espera de seu melhor amigo e o que ele deve esperar de você?
3. Em que circunstâncias da vida ou carreira você deve abordá-lo?
4. Como você desenvolve, cultiva e mantém uma boa amizade?

5. De que maneira o seu amigo lhe influencia e você o influencia?
6. Qual parcela do seu tempo você dedica ao seu melhor amigo?

É provável que você tenha respondido algumas dessas questões de forma rápida e outras de forma mais demorada e reflexiva. Agora, eu quero dividir com você a minha visão sobre o que é verdadeiramente um bom amigo.

O bom amigo é cúmplice de sua história pessoal e, independentemente de suas diferenças, é capaz de compreendê-lo sem que necessariamente tenha de concordar com todos os seus pensamentos, atitudes, comportamentos e ações. Ele vive no seu pensamento e você deseja sempre compartilhar com ele tudo aquilo de bom ou de ruim que acontece em sua vida.

O bom amigo é aquela pessoa que você sempre deseja ter por perto. É uma espécie de alma gêmea que transmite bom humor, alegria, sentimentos lúdicos, sensação de bem-estar. Ao seu lado você se sente complementado e bem acompanhado.

O bom amigo é o seu melhor confidente e celebra suas vitórias sem nenhum sentimento de inveja. Tem caráter ilibado, se conduz com exemplar nível de educação, busca o que há de melhor em você e está sempre disponível para ajudá-lo. A amizade verdadeira é totalmente desprovida de interesse pessoal. Por isso, o amigo sincero é imparcial e lhe mostrará as suas incoerências. É justamente aí que reside a força e a estabilidade desse relacionamento. Ele é espontâneo e gracioso. Portanto, nunca espere do seu verdadeiro amigo tietagem ou bajulação sem mérito.

A amizade estabelecida nesse nível de relacionamento guarda em si inumeráveis utilidades. Como escreveu Marco Túlio Cícero (106–43 a.C.), escritor e político romano, em *Laelivs de Amicitia*: "Para onde quer que te voltes, lá está ela a teu alcance; não há lugar onde não esteja; nunca é intempestiva, nunca é molesta." Em outro trecho de sua obra, acrescentou: "A amizade apresenta vantagens muito numerosas e importantíssimas; mas a que a todos ultrapassa é a de inspirar uma doce confiança no futuro sem permitir que os ânimos desfaleçam ou sucumbam. Assim, quem contempla um amigo verdadeiro, contempla como que uma imagem de si mesmo. Eis porque os ausentes se fazem presentes, os pobres se tornam ricos, os fracos ganham robustez e, o que é mais difícil de dizer, os mortos recobram vida: de tanto inspirarem estima, recordação e saudade a seus amigos."⁴

É bom alertar, contudo, que, apesar de toda a alegria e cumplicidade desse relacionamento, a amizade passará muitas vezes por momentos de estremecimentos, questionamentos e irritações, entre outros conflitos. Afinal, os amigos não são perfeitos.

Nos últimos anos, muito tem sido escrito e discutido sobre a importância da construção de uma rede de relacionamentos, o famoso *networking*, e a febre das redes sociais. A despeito de sua utilidade, elas não significam necessariamente uma relação de amizade como a que acabei de descrever. O que há são interesses bem específicos, geralmente de ordem profissional. Há uma troca de favores. Uma vez atendida essa necessidade, a pessoa vira as costas para somente procurá-lo no futuro, novamente quando precisar de algo.

A tendência ao isolamento, ao individualismo, à competição no mercado de trabalho e à distração com os recursos fáceis disponibilizados pelas novas tecnologias tem afastado as pessoas de sua capacidade de cultivar relacionamentos verdadeiros e perenes. A vaidade pessoal é também um fator fortemente motivado pela sociedade materialista, o que implica diretamente na incapacidade de ouvir e aceitar opiniões contrárias e imparciais ou até mesmo rejeições, fatores importantes no cultivo da amizade honesta e sincera. Sem esses fatores, não se estabelece confiança e cumplicidade. Eu não quero, com esse meu comentário, desqualificar a importância das redes sociais e de relacionamentos. Elas têm a sua utilidade clara e um poder de troca bem definido. Contudo, são superficiais, utilitárias e de circunstâncias apenas.

Certa vez assessorei uma jovem promissora, que atuava na área de recursos humanos, quando ainda ocupava uma posição de supervisora de treinamento e desenvolvimento em uma empresa de rolamentos. Hoje ela é diretora de RH de uma grande multinacional. Contribuí inúmeras vezes para o progresso de sua carreira, orientando-a em suas novas conquistas gerenciais. Eu a orientei para que lesse uma série de livros importantes para o seu sucesso, prestei aconselhamento personalizado para ela e seu marido e a acompanhei de perto em todas as suas transições de uma empresa para outra. Contudo, para a minha decepção, ela simplesmente desapareceu assim que conquistou a posição de diretora. Foi triste constatar que ainda hoje existam pessoas que têm um comportamento tão egoísta. Ela manteve a nossa relação profissional e de amizade apenas pelo tempo em que seria interessante para conquistar aquilo que queria. Depois, tratou de me descartar. Isso aconteceu inúmeras vezes ao longo de todos esses anos que atuo como consultor de carreira. E não foram poucas as vezes em que vi essas mesmas pessoas enfrentarem adversidades e voltarem a procurar o meu escritório para uma nova orientação profissional como se nada tivesse acontecido. E nessas horas eu geralmente não estou mais disponível para elas.

Meu caro jovem, você certamente trabalhará em várias empresas e será orientado por diversas pessoas, inclusive alguns chefes dos quais não nutrirá nenhuma simpatia. Contudo, seja grato até mesmo àqueles com os quais não se identificou ou não gostou por qualquer motivo. Eles também contribuíram de alguma forma para o seu crescimento pessoal e profissional. A gratidão é sempre um gesto de amizade mesmo que não correspondido pelos demais. Aqui, devo lembrá-lo das palavras de Miguel de Cervantes (1547–1616), escritor espanhol, em seu livro *Dom Quixote*: "La ingratitud es hija de la soberbia."[5]

Cultivar e reter bons amigos ao longo da vida é uma arte de valor inestimável. Como a semente que você planta necessita de solo fértil, umidade, sol, adubo, água e cuidado todos os dias, assim também as amizades que cultiva e retém merecem cuidados diários muito especiais. Nunca se esqueça disso. Lembre-se das palavras de Samuel Johnson: "Deixar a amizade se extinguir por descaso ou por ausência certamente não é sensato. É desfazer-se voluntariamente de um dos maiores consolos dessa nossa fatigante peregrinação."[6]

Por fim, ainda sobre este assunto, quero lhe fazer algumas recomendações que o ajudarão ao longo da vida:

- Seja seletivo na escolha de seus amigos e lembre-se de que nem todas as pessoas que o cercam servem para ocupar essa posição. Isso não significa que você tenha de desprezar todas as outras. Portanto, aprenda a tratá-las com respeito e consideração.
- Nunca se recuse a fazer o bem a quem quer que seja. Jamais seja egoísta.
- Ofereça aos seus amigos a força espiritual da qual necessitam. Lembre-se das sábias palavras de Madre Tereza de Calcutá: "Se eu alguma vez vier a ser Santa — serei com certeza uma santa da escuridão. Estarei continuamente ausente do céu — para acender a luz daqueles que na Terra se encontram na escuridão."[7]
- Tenha como um dos seus propósitos de vida trabalhar para a emancipação da mente das pessoas. Acredite-me, esse é um dos meus propósitos mais sublimes. Quem visita o meu escritório, não importa o seu motivo, sabe que jamais sairá de minha sala sem ter aprendido algo de novo e sem a recomendação de um bom livro para ler. Reconheço o quanto é difícil transformar a mente humana. Contudo, não vou desistir de desafiá-la e combater a mediocridade. Esse é o meu sacerdócio. O que verdadeiramente ambiciono é incentivar as pessoas para que se tornem ávidas pela pesquisa e pela busca de novos saberes continuamente. Quero que comecem a pensar em profundidade e nunca aceitem as coisas como se todas elas fossem verdades absolutas. Portanto, meu prezado jovem, nunca deixe de questionar, de criticar e de debater ideias, não importam as suas fontes. Afinal, ninguém é dono absoluto da verdade.
- Não se deixe impressionar ou influenciar pela grandeza das pessoas. Elas podem estar erradas. Gosto muito das palavras de William Shakespeare em *Noite de Reis*: "Algumas pessoas nascem grandes, algumas realizam grandeza e algumas têm grandeza imposta sobre elas."[8] Aprenda a distingui-las.
- Adquira a virtude de esquecer e de perdoar.

Com essas orientações você terá condições de se conduzir bem em qualquer ambiente que estiver: no seio da sua família, no trabalho, no clube, em uma câmara de comércio, etc. Lembre-se da música composta por Fernando Brant e Milton Nascimento, *Canção da América*, que diz: "Amigo é coisa para se guardar debaixo de sete chaves, dentro do coração."[9]

Capítulo 8

Blinde sua carreira

"Ao desenvolver sua carreira, nunca esqueça que tudo se soma a você: um livro lido, uma negociação, uma viagem, um fracasso. As experiências fortalecem o caráter e você desenvolve sua inteligência, habilidade e senso crítico. Portanto, é melhor cair logo e feio, e aprender com isso, do que fracassar feio e publicamente mais tarde, quando há muito mais um risco."[1]

Um executivo experiente me procurou certa vez dizendo estar preocupado com algumas mensagens que foram fixadas no quadro de avisos da empresa para todos os funcionários lerem. Ele me disse que não sabia o que fazer diante daquelas afirmações. Elas eram curtas e diretas:

1. Não podemos prometer por quanto tempo estaremos operando.
2. Não podemos prometer que não seremos comprados por outra empresa nos próximos meses.
3. Não podemos prometer que haverá espaço para novas promoções em curto e médio prazo.
4. Não podemos prometer que seu cargo existirá até a data de sua aposentadoria.
5. Não podemos esperar a sua lealdade contínua — e não estamos certos de desejá-la.
6. Não podemos mais planejar e gerenciar a sua carreira e o seu autodesenvolvimento.

Vamos analisar cada uma delas com calma para que não interpretemos o que foi escrito de forma errada ou tomemos decisões precipitadas.

1. **Não podemos prometer por quanto tempo estaremos operando.**

    Sim, não há segurança absoluta em nenhum ambiente empresarial nos dias atuais. Nunca houve e também nunca haverá. Tudo muda o tempo todo. A vida é movimento, afirmou Aristóteles. A concorrência se tornou brutal e somos surpreendidos todos os dias com o surgimento de novas tecnologias, produtos e serviços. Não há saída fácil. Ou enfrentamos esses dragões com inteligência, rapidez e coragem, ou fatalmente desapareceremos. Durante os últimos anos vimos grandes, médias e pequenas empresas desaparecerem, entre elas nomes como Rohm & Haas, Ciba Especializadas e EDS — Electronics Data Systems. Além disso, os custos operacionais se elevaram rapidamente. Contribuíram para isso a excessiva carga tributária hoje vigente no país, a falta de infraestrutura — estradas, aeroportos e portos —, a corrupção generalizada nos diferentes órgãos públicos, a improdutividade, a mediocridade, a obsolescência tecnológica e a falta de uma força de trabalho preparada, competente e comprometida. Como consequência dessas e de tantas outras mazelas nacionais, nossos produtos estão perdendo a sua competitividade para os países asiáticos. Quero lembrá-lo de que essa realidade deixa empresários e uma significativa parcela de nossos executivos com insônia todas as noites. Portanto, não é de se admirar que tantos profissionais adoeçam em suas organizações.

2. **Não podemos prometer que não seremos comprados por outra empresa nos próximos meses.**

    Essa é uma possibilidade a qual toda empresa está sujeita em um mundo globalizado. E não há nada que os funcionários possam fazem para impedir esse destino quando ele é decidido. O importante nessas horas é saber qual comportamento adotar diante de tal realidade. Não se desespere e nem entre em pânico. Observe tudo o que acontece ao seu redor. Mantenha-se antenado o tempo todo. Seja proativo e apoie integralmente o grupo que adquiriu sua empresa. Não esconda informações. Não faça comparações entre os antigos proprietários e os atuais. Faça o seu trabalho com a mesma dedicação. Seja visto pela empresa compradora como um profissional valioso e indispensável. Mostre serviço todos os dias e evite as fofocas.

3. **Não podemos prometer que haverá espaço para novas promoções em curto e médio prazo.**

    A tendência atual das organizações é eliminar níveis hierárquicos. Esse processo de enxugamento para tornar as empresas mais flat teve início na década de 1980 e, desde então, só ganhou força. Com isso, as promoções se tornaram ainda mais raras. A verdade é que não há nada de novo nessa afirmação. A empresa apenas teve a coragem de ser transparente e honesta. Segundo Peter Drucker, renomado escritor, ecologista social e consultor empresarial norte-americano: "Noventa e cinco por cento da média gerência desaparecerá nos próximos anos."[2] O fim do emprego tal como conhecemos já foi objeto de estudo de vários escritores. Entre as obras que merecem ser consultadas estão *O fim do trabalho*[3], de Jeremy Rifkin, *JobShift: Como prosperar em um local de trabalho sem emprego*[4], de William Bridges, e *O fim do trabalho como você o conhece*[5], de Milo Sindell.

4. **Não podemos prometer que o seu cargo existirá até a data de sua aposentadoria.**

    Onde está a novidade nessa declaração? Como você sabe, nesses instantes, coisas desagradáveis acontecem aos mais leais funcionários. Ninguém deve se assustar ou ficar impressionado com previsões desse tipo. O jovem que atualmente ingressa no mercado de trabalho deve estar preparado para mudar até seis vezes de carreira ao longo de sua vida. E todos esses movimentos enriquecem a vida e carreira, pois são essas transformações que proporcionam um mundo melhor a cada instante. Portanto, viva o dia de hoje.

5. **Não podemos esperar a sua lealdade contínua — e não estamos certos de desejá-la.**

   A mensagem da empresa está correta. Hoje, as pessoas são contratadas para executar projetos bem específicos. Além disso, aquelas atividades que não fazem parte de seu *core business* estão sendo terceirizadas ou eliminadas completamente. Portanto, concluídos os projetos, essas pessoas se tornam plenamente dispensáveis. Quando você deixa de apresentar novidades todos os dias e de agregar valor à empresa, o seu fim está decretado. Cristo, no Sermão da Montanha, há mais de dois mil anos, instruía o seguinte aos seus discípulos: "Toda árvore que não dá bom fruto corta-se e lança-se ao fogo."[6]

6. **Não podemos mais planejar e gerenciar a sua carreira e o seu autodesenvolvimento.**

   Essa é mais uma verdade absoluta, pois são tarefas que devem ser planejadas e gerenciadas pelo próprio profissional — e não pela empresa. Não podemos deixar o destino de nossas carreiras à mercê da boa vontade do chefe direto, da área de recursos humanos ou de qualquer outra pessoa ou área. Precisamos assumir as rédeas da situação, definirmos o caminho que queremos seguir, os cursos que desejamos fazer, as empresas nas quais sonhamos trabalhar e os cargos que tentaremos ocupar.

Uma pessoa inexperiente pode se assustar diante de frases tão diretas e — por que não dizer? — duras. Mas elas são verdadeiras, e se interpretadas com calma e inteligência, podem se tornar importantes para o crescimento profissional. Independentemente de todas as transformações pelas quais passaram ou terão de passar as organizações no futuro, ainda assim sempre haverá espaços e oportunidades em abundância para profissionais com qualidades importantes como caráter ilibado, coragem para encarar os problemas à medida que eles surgem e encontrar soluções eficazes, comprometimento com a excelência na execução de seu trabalho, comunicação clara e objetiva, flexibilidade, tolerância à ambiguidade e, acima de tudo, incorporação dos valores da organização no dia a dia de trabalho. É isso que torna uma carreira à prova de fogo.

Mesmo que você perca o seu emprego, não se angustie ou se desespere. Milhares de profissionais já passaram por essa situação e cresceram profissionalmente com ela. O segredo é transformar esse momento delicado em uma oportunidade de aprendizado e de reflexão sobre o seu futuro profissional. Quero lembrá-lo das palavras de Orison Swett Marden, em *Success under Difficulties*: "Os grandes homens nunca esperam pelas oportunidades, eles as criam. Também nunca esperam por facilidades ou circunstâncias favoráveis, eles usam o que estiver à mão, resolvem seus problemas e dominam a situação. Um jovem determinado e com vontade vai encontrar ou criar uma solução. Um Franklin não precisa de aparelhos complicados, ele pode trazer eletricidade das nuvens com uma pipa de brinquedo. Os grandes homens nunca encontraram um atalho para seu triunfo. Sempre caminharam pela velha estrada, a do esforço e perseverança."[7]

William Shakespeare, dramaturgo e poeta inglês, expressou opinião semelhante, quando escreveu os seguintes versos:

> *Existem marés no caminho dos homens*
> *Que, aproveitadas na preamar, levam à fortuna;*
> *Desprezadas, toda a viagem de suas vidas*
> *Estará fadada ao trivial e às desgraças.*[8]

Não há regras que, se obedecidas, possam dar 100% de garantia de segurança no trabalho. E nem caminho que conduza a um porto totalmente sem atribulações. Além disso, ninguém fará o seu caminho por você. Nenhum ser humano é capaz de viver a vida de outra pessoa. Portanto, siga o seu coração e o que ele diz. Quanto mais rápido você realizar suas descobertas, melhor para você.

Tenha especial cuidado com aquelas pessoas que agem como se tivessem respostas objetivas para todas as questões relativas à sua carreira. É curioso como elas sabem resolver o problema de todos que estão à sua volta. Opinam com aparente conhecimento de causa — e até o consideram um tolo por não enxergar coisas tão óbvias. Mas basta olhá-las com atenção para perceber que elas estão patinando em suas carreiras e não conseguem sair do lugar. Como, portanto, podem aconselhá-lo?

Infelizmente, muitos profissionais desejam empreender uma carreira de sucesso utilizando as mesmas armas do século XX. É pura perda de tempo. Eles não irão a lugar algum se continuarem insistindo com as mesmas ideias, atitudes e comportamentos. Esse processo é muito dinâmico, por isso a necessidade de estarmos sempre estudando, lendo jornais e revistas especializadas e conversando com profissionais que admiramos. Ter um volume grande de informações é importante para nos ajudar a tomar decisões estratégicas.

Nunca renuncie aos seus estudos. Mantenha os livros abertos sobre a sua mesa de trabalho. Se não puder investir na aquisição de novas obras, vá a uma biblioteca pública ou mesmo a uma boa livraria e leia por lá mesmo tudo o que puder. A leitura o tornará um homem mais sábio e admirável, como aconteceu com David Livingstone (1813-1873), médico e missionário escocês que, ao completar dez anos de idade, foi colocado para trabalhar em uma fábrica de algodão em Glasgow, na Escócia. No final de seu primeiro mês de trabalho, ele recebeu seu parco salário e foi a uma livraria adquirir uma gramática de latim. Passou a estudá-la compulsivamente em sua escola noturna. Quando retornava à noite da escola para casa, continuava a estudá-la apaixonadamente até sua mãe o obrigá-lo a se deitar para dormir. Em pouco tempo, Livingstone já dominava obras de autores como Horácio e Virgílio e demonstrava bons conhecimentos de botânica, medicina e teologia, entre outros saberes.

Após a conclusão formal de seus estudos, ele decidiu se tornar um missionário médico na África, atendendo apelo da Igreja Presbiteriana. Seu trabalho contribuiu para a sua emancipação e colonização da África. Ainda hoje, o seu exemplo é elogiado nos grandes centros teológicos — seminários de teologia, colégios bíblicos, igrejas protestantes do mundo inteiro e nos livros de história da Igreja.

Outro bom exemplo é a história de Thomas Mellon (1813-1908), que imigrou com sua família para Poverty Point, Westmoreland County,

Pennsylvania, Estados Unidos. Ele tinha cinco anos e logo teve de trabalhar na pequena propriedade de seus pais. Em livro escrito para sua família, *Thomas Mellon and His Times,* ele diz que, quando arava a terra, mantinha sempre sobre a sua cabeça um livro precioso — a autobiografia de Benjamin Franklin. E sempre que parava para descansar de seu árduo trabalho em campo inóspito, estudava o livro com verdadeira paixão.

"Eu nunca havia imaginado um projeto de vida melhor que o de ser fazendeiro, mas depois de ler sobre a vida de Franklin, comecei a me questionar. Como um menino tão pobre e sem amigos pudesse ter se tornado um comerciante ou um profissional era para mim algo impossível, mas aqui estava Franklin, mais pobre do que eu, o qual, por seu esforço, parcimônia e frugalidade, tinha se tornado culto e sábio, chegando ao alto da saúde e da fama. As máximas do pobre Richard transmitiam exatamente os meus sentimentos. Eu li o livro várias vezes e imaginava se eu poderia fazer algo semelhante com os meios semelhantes. Eu possuía energia e vontade para o desafio, e poderia exercer o mesmo esforço e perseverança. E não me sentia em desvantagem, talvez com exceção do talento."9

O estudo minucioso desse livro mudou sua vida pessoal e o seu nível de influência na sociedade norte-americana. Thomas Mellon se tornou uma das maiores fortunas da América no final do século XIX e começo do século XX. Nenhum indivíduo que viaje ao berço da industrialização dos Estados Unidos, a cidade de Pittsburg, Estado da Pennsylvania, deixará de constatar a força de seu caráter e influência. Algumas de suas realizações mais importantes são a criação e desenvolvimento do Mellon Bank, a instalação da indústria Carborundum, a criação da Universidade Carnegie & Mellon, a aquisição da empresa de transporte ferroviário Ligonier Valley Railroad e a exploração de petróleo e de minas de ferro.

Os jovens que abandonam os estudos costumam justificar essa atitude com velhas desculpas: pobreza, necessidade de trabalhar, professores mal preparados, instalações físicas decadentes, violência e bullying na escola, entre tantas outras. Mas o fato é que nenhuma delas se sustenta. Todo jovem pode se instruir desde que movido por uma força interior — o desejo de aprender e de superar sua pobreza. Eu fui um menino pobre e reconheço que jamais teria conquistado o que conquistei se não fosse a minha paixão incomensurável pelos livros. Os livros têm um poder libertário indescritível. Se um dia você se deparar com um executivo sábio e prudente, logo descobrirá que ele é um amante de livros.

Confesso que me sinto decepcionado quando pergunto a um executivo ou uma executiva qual foi o último livro que leu e recebo como resposta algo como "eu não cultivo a hábito da leitura" ou "eu não tenho tempo para ler". No meu íntimo, sei que essa pessoa apresenta deficiências técnicas e culturais que dificultarão muito a sua recolocação. E que recuperar esse terreno perdido não será fácil.

Nada no presente século substitui o valor da informação, do conhecimento e da sabedoria. Como escrevi no livro *O Principio da Sabedoria — Lições de Salomão para o Bem-Viver*: "Bem-aventurado o homem que acha sabedoria e o homem que adquire conhecimento. Porque melhor é a sua mercadoria do que a mercadoria de prata, e a sua renda do que o ouro mais fino. Mais preciosa é do que os rubins; e tudo o que podes desejar não se pode comparar a ela. Aumento de dias há na sua mão direita; na sua esquerda, riquezas e honra. Os seus caminhos são caminhos de delícias, e todas as suas veredas, paz. É árvore de vida para os que a seguram, e bem-aventurados são todos os que a retêm."[10]

Capítulo 9

Construa seu sucesso de forma consistente

*"A chave do sucesso pessoal e profissional é você ser sempre você mesmo e não o que os outros esperam. Diga o que quer dizer e seja autêntico."*¹

Ao longo de toda a sua história, o homem sempre foi avaliado pelo maior ou menor grau de sucesso que foi capaz de conquistar em sua carreira — militar, literária, empresarial, científica, política, magistratura, magistério, etc. Ainda hoje é assim. Durante a adolescência, essa também era uma das muitas preocupações que agitavam a minha alma. O medo de fracassar era enorme, visto que não contava com muito daquilo que o americano chama ainda hoje de *"ferramentas do sucesso"*. Além da própria cobrança que eu me impunha, meus pais diziam a todo instante: "Você tem de ir muito além de nós. Se não o fizer, você fracassou." Graças a Deus e aos meus esforços, posso dizer que superei todas as suas expectativas. Nunca desisti de perseguir o sucesso à luz dos valores transmitidos por meus pais: honestidade, trabalho duro, lealdade, respeito aos semelhantes, entre outros. Com você, tenho certeza, não será diferente.

Todo jovem em início de carreira ambiciona o sucesso. Isso é bom, desejável, saudável e recomendável também. Portanto, prossiga, determinada e disciplinadamente em busca de seus sonhos. Virgílio, poeta latino, observou: "O sucesso os encoraja: eles podem porque pensam que podem."²

O que deixa o jovem de hoje irrequieto e apreensivo é não saber ao certo qual o preço que terá que pagar para obtê-lo. E, depois de conquistado, como mantê-lo ano após ano no topo da pirâmide do mundo corporativo. Essa tarefa é complexa e exige humildade, lucidez, ponderação e sabedoria.

Antes de qualquer decisão ou ação, o jovem deve ter em mente alguns princípios básicos em relação ao sucesso e a sua trajetória profissional.

1. **Não procure racionalidade ou caminhos mais fáceis em sua organização.**

    As empresas não são racionais. Suas "ruas" e "avenidas" são tortuosas, cheias de perigos e de armadilhas. Elas são, como observou David F. D'Alessandro, ex-CEO da John Hancock Financial Services, "[...] apenas vilarejos verticais, repletas de excentricidade, deslizes e tolices quanto qualquer ponto no mapa. Como cidades pequenas, elas possuem um prefeito, um conselho de planejamento, um bêbado — talvez mais de um".[3] D'Alessandro foi muito suave em sua afirmação. Nessas "cidades" existem outros tipos de habitantes que não podemos deixar de vê-los, como o inescrupuloso, o tarado, o masoquista, o ladrão, o imbecil, o mentiroso, o paranoico, o invejoso, o "Maria vai com as outras" e o fofoqueiro, entre tantas outras figuras.

    Para sobreviver no mercado, você terá que aprender a conviver e a trabalhar com todos esses tipos. Daí porque é tão importante aprender o jogo político, tema que já tratamos neste livro. Por apreciar os conselhos oferecidos por Baltasar Gracián, sugiro que reflita sobre alguns de seus ensinamentos:

    - Mostre a sagacidade tão extensa na desconfiança como a astúcia na intriga. E ninguém queira ser tão bom que dê ensejo ao outro de seu mal; sejamos um misto de pomba e serpente, não monstros, e sim prodígios.
    - É preciso saber que há ralé em toda parte. [...] É preciso conhecê-la para livrar-se dela, quer como partidária, quer como objeto, pois qualquer tolice é vulgaridade, e a vulgar ralé se compõe de tolos.

- Nunca meter-se com tolos. É tolo quem não conhece os tolos. E mais tolo quem, conhecendo-os, não os descarta. São perigosos para o convívio superficial e perniciosos para confidentes.
- Cuidado com quem entra com a causa alheia para sair com a própria. Contra a astúcia, a melhor defesa é o cuidado.
- Aprenda a vender suas coisas. Não basta sua intrínseca qualidade, pois nem todos mordem a medula nem olham por dentro. Uma boa dose do artifício consiste em saber apresentar suas coisas, ora exaltando-as, pois o louvor provoca o desejo, ora dando-lhes um bom nome, o que é um grande modo de realçá-las, mas evitando sempre qualquer pose.[4]

As empresas, nós sabemos, são em parte movidas a fofocas, intrigas e histórias. As melhores posições na hierarquia nem sempre vão para aqueles que, teoricamente, parecem ser os melhores e os mais bem preparados. Quem fica com eles são aqueles que conquistam a simpatia dos líderes e depois se deitam sobre a fama que construíram.

2. Não dê ouvido aos colegas que dirão para você que não vale a pena correr em busca do sucesso em sua carreira.

Sim, você encontrará pelo caminho muitas pessoas dispostas a fazer a sua cabeça para desistir de lutar e conquistar uma posição de destaque. Não acredite nelas e nem lhes dê ouvidos. Elas são herdeiras do político inglês E. Burke, que escreveu: "O sucesso é o único critério infalível de sabedoria para as mentes vulgares."[5] O sucesso não vale a pena, exceto para aqueles que não sabem o que fazer com ele. E esses constituem a grande maioria.

O sucesso pode lhe fazer um tremendo bem se, ao olhar para trás, você conseguir enxergar em sua trajetória a realização de feitos importantes, principalmente se concretizou seus sonhos, ajudou a construir uma organização moderna e vencedora, ampliou seu nível de influência na sociedade, enriqueceu a vida de milhares de pessoas por meio de seu exemplo e conduta, deixou um legado invejável e construiu uma imagem e reputação inigualáveis.

3. **Lembre-se de que não há sucesso que dura para sempre.**

   Jamais caia no erro de pensar que, pelo fato de ter obtido sucesso em um determinado período de sua carreira, ele será eterno. Se você se deixar contaminar por esse pensamento, fatalmente cairá em desgraça. Não dá para ficar vivendo de glórias do passado. É preciso olhar o horizonte e caminhar diariamente rumo a novos desafios, metas, aprendizados, ideias, estratégias e relacionamentos. Renove seu resplendor todos os dias — sua coragem, a inteligência, o bom humor, a sensibilidade humana, o amor, a esperança e a fé.

4. **O sucesso profissional de sua carreira será igual ao seu esforço, empenho, disciplina, determinação, coragem para correr riscos, concentração, foco, atitude e preparo, entre outras exigências.**

   Cícero, em *De oratore*, II, 65, 261, disse: "Colherás conforme tiveres semeado."[6] É por isso que o trabalho deve ser empreendido com muita dedicação, disciplina e inteligência. Nas últimas décadas, a maioria dos executivos tem confundido trabalho duro (força e inteligência) com trabalho desorientado, excitado e de resultado questionável no médio prazo. O que assistimos nas empresas é um frenesi de ideias e utilização inadequada de diversas tecnologias, especialmente daquelas que "lhe roubam o tempo" em vez de libertá-lo. Eles usam de forma abusiva o celular e o laptop e vivem conectados 24 horas por dia. Há muitas decisões precipitadas e a falta de planejamento e a desordem nas empresas favorecem a formação de um ambiente caótico, improdutivo e sem referências para estabelecer o que é fundamental ou não. Todo esse cenário tem deixado milhares de profissionais esgotados, nocauteados, doentes e impotentes.

   Como manter o foco no trabalho duro (forte e inteligente) e ao mesmo tempo sobreviver em ambientes insalubres sem se contaminar por todo o caos à sua volta? As pessoas de sucesso duradouro já demonstraram que é possível conviver em ambientes confusos e realizar um trabalho verdadeiramente relevante para ambos os lados: o seu próprio e o de sua empresa. O primeiro passo é ter clareza em relação à contribuição que você pode dar mesmo que o seu chefe não tenha uma missão ou a compreensão clara daquilo que ele quer de você. Cabe a você oferecê-la. Para tanto, conheça bem os seus recursos pessoais e o seu talento — conhecimentos técnicos, talentos, habilidades de liderança e fontes de pesquisa. Eles podem favorecê-lo na hora de apresentar seus projetos, de vendê-los, de testá-los ou de implementá-los.

Corra riscos, mas antes estude, aprimore-se e esteja sempre preparado para enfrentar as pessoas que só trabalham no caos. Você precisa de disciplina pessoal, comprometimento e foco naquilo que é essencial. Seu tempo parecerá escasso para tamanha demanda, mas, uma vez alcançado o seu objetivo, perceberá que foram fundamentais para o seu sucesso. Trabalhar duro é se esforçar para dar o melhor de si. Mas só isso não basta. É importante também conhecer as circunstâncias, o ambiente e os negócios da empresa. Só assim você saberá direcionar os seus esforços para a criação de valor, tanto na solução de problemas como na abertura de novas oportunidades e perspectivas.

Trabalhar com inteligência é saber conviver com o grupo e extrair dele toda a contribuição que possa dar. Isso envolve alta dose de perspicácia, liderança, negociação, tempo, paciência e uma dedicação muito especial.

5. **Valorize todas as conquistas de sua carreira, estágio por estágio, por menores que elas possam ser.**

São essas conquistas que o tornarão o grande vencedor de amanhã. Um grande palácio se constrói tijolo por tijolo, peça por peça. Com a carreira não é muito diferente. É preciso planejá-la, gerenciá-la, avaliá-la periodicamente a cada três ou seis meses e fazer as correções de rota necessárias. Ram Charan, Stephen Drotter e James Noel apontam no livro *The Pipeline of Leadership*[7] que a necessidade não é a de apenas se adquirir novas habilidades e novos valores à medida que você avança em sua carreira, mas também saber descartar atitudes e valores que ontem eram valorizados e hoje não são mais. Infelizmente, muitos profissionais, ao atingirem um elevado nível de desempenho e também obterem o reconhecimento de sua organização, se acomodam e dormem sobre os seus louros.

6. **Se eventualmente você atingir o sucesso que sempre desejou e lutou para alcançá-lo, não se deslumbre com o poder, o status, a fama e a sua própria imagem.**

    Narciso também ficou paralisado ao contemplar sua imagem refletida no espelho d'água. Ele perdeu o senso da realidade e definhou, conforme a mitologia grega. A autocontemplação irá levá-lo à centralização e, consequentemente, ao sufoco e à solidão. O bom executivo age de maneira oposta. Ele valoriza o sucesso dos outros porque sabe que o seu próprio sucesso depende do nível de colaboração de todos aqueles que o circundam e do grau de liberdade que ele atribui aos outros.

7. **Se todo o seu empenho em busca do primeiro lugar não vier a se viabilizar, não entre em depressão e, muito menos ainda, se sinta um profissional fracassado.**

    Todo o seu esforço tem o seu valor. Assim é o processo. São Paulo, em carta endereçada aos coríntios, escreveu: "Não sabeis vós que os que correm no estádio, todos na verdade, correm, mas um só leva o prêmio?"[8] Muitas conquistas não alcançadas o deixarão triste e desanimado, mas é por meio dessas experiências que você aprende, amadurece, cresce e se habilita a novas corridas. Portanto, como escreveu Cícero: *"Para quem aspira ao primeiro lugar, não é indecoroso parar no segundo ou no terceiro."*[9]

8. **Lembre-se que quanto maior for o seu sucesso, maior será a sua responsabilidade perante você mesmo, sua família, sua empresa e sociedade em que está inserido.**

    Portanto, deixe-me repetir mais uma vez: seja humilde, principalmente em relação aos seus saberes, porque você será sempre uma referência — e você não aspira se tornar qualquer referência, mas sim um modelo.

9. **Defina o seu próprio conceito de sucesso, que não necessariamente é o mesmo de seus amigos.**

Por fim, o sucesso sempre deve ter como fonte o grau de satisfação que você encontra naquilo que empreende e no reconhecimento da sociedade pela contribuição que você deu ou legou.

O sucesso exige esforços por vezes descomunais, mas jamais devem ser exclusivos ou acima de outros valores tais como sua saúde, família, bem-estar pessoal e reputação. Esse é um comportamento inegavelmente irresponsável sobre qualquer ângulo que o avaliemos. Afinal, "o vento sopra onde quer, ouvimos a sua voz, mas não sabemos de onde vem e nem para onde vai"[10], como explicitou Jesus Cristo. Sim, meu jovem, há profissionais que correm apressadamente atrás do vento. E não há melhor história para exemplificar essa afirmação que a do meu irmão, Nuremberg B. de Macedo, ex-vice-presidente do Grupo Rede, terceiro maior grupo de energia do país, responsável por 30% de toda a geração e distribuição de energia elétrica do país.

Nuremberg era engenheiro eletricista, formado pela Universidade Federal do Rio Grande do Norte, e pós-graduado em Administração de Empresas pela Fundação Getúlio Vargas. Tinha uma mente privilegiada, principalmente quando lidava com números. Foi líder estudantil de esquerda em sua juventude, perseguido politicamente pelo regime militar em 1964, preso e torturado em Centro de Detenção no Recife, em Pernambuco, entre 1969 e 1970. Naquela ocasião, eu estudava nos Estados Unidos. Meus pais, pessoas simples e desprovidas de recursos financeiros, me chamaram às pressas de volta ao Brasil em face da gravidade do ocorrido para que tentasse ajudá-lo. Afinal, eu era o filho mais velho e cultivava bons relacionamentos em Recife em função de minha posição como presidente da JUCIAL — Juventude Cristã da América Latina, filiada ao Concílio Mundial de Igrejas Cristãs, com sede em Genebra, Suíça.

Quando retornei ao Brasil e fui visitá-lo na prisão, fiquei horrorizado. Ele estava, literalmente, quebrado. Seu corpo de quase 1,90 metro estava completamente enfaixado. Caminhava com grande dificuldade e parecia mais com uma múmia do que com um ser humano. As dores que sofria eram terríveis. Seu corpo estava coberto de hematomas por toda parte. Mas pior do que o sofrimento físico pelo qual passou foi a tortura de natureza psicológica, infinitamente maior. Eu tratei de fazer imediatamente alguns contatos com pessoas que poderiam nos ajudar e, com isso, consegui reduzir seu tempo na prisão. Uma vez livre, voltou a estudar e logo começou a construir sua carreira profissional.

Nuremberg, apesar de sua infância pobre e das inúmeras privações experimentadas em sua juventude, empreendeu uma carreira executiva considerada brilhante — não tinha sobrenome, "padrinho" para facilitar seu desenvolvimento ou qualquer outro recurso. Ele tinha que depender dele mesmo e de seu talento. Iniciou a carreira profissional como engenheiro de obras em Natal (RN). Em pouco tempo, foi promovido à posição de diretor-geral de uma empresa de telecomunicações em Manaus (AM). Cinco anos depois, aceitou o convite para trabalhar no Rio de Janeiro como diretor de operações de uma grande empresa de construção. No início da década de 1980, foi contratado como gerente-geral pela empresa Caiuá de Eletricidade, em Presidente Prudente, interior de São Paulo, onde fixou residência por alguns anos. Convidado a dirigir a Companhia Bragantina de Energia Elétrica, topou o desafio e transferiu sua residência para Bragança Paulista, interior de São Paulo. Com a privatização do setor elétrico durante o governo do presidente Fernando Henrique Cardoso, sua carreira começou a ganhar mais envergadura. Transferiu sua residência para Cuiabá (MT) e depois para Belém (PA).

Agora, já mais estável profissionalmente, ele poderia se enquadrar no perfil do que a sociedade e o mundo corporativo consideram como um executivo vitorioso e bem-sucedido. Tinha atingido o topo de sua carreira e construído um razoável patrimônio econômico-financeiro. Um jato da companhia ficava à sua disposição. Viajava ao exterior e se hospedava nos melhores hotéis pelo mundo afora. Depois de longos e exaustivos anos de trabalho e mudanças seguidas de residência por várias partes do país, ele merecia uma aposentadoria digna dos grandes executivos. Mas o inesperado aconteceu. No dia 6 de janeiro de 2006, com fortes dores nas costas, foi trazido às pressas para São Paulo e internado em um dos melhores hospitais privados do país. Diagnóstico: câncer no pulmão. Foi necessário operá-lo. A doença era gravíssima e poderia ceifar sua vida rapidamente. Em apenas seis meses a doença o consumiu, para tristeza de todos os membros de sua família e amigos. Nuremberg faleceu no dia 1º de junho. Teve exatamente o período de vida previsto por sua junta médica no início do tratamento.

Meu irmão nunca perdeu um dia de trabalho ao longo de sua carreira. Era o primeiro a chegar e o último a sair do escritório. Ao longo de sua trajetória, sempre demonstrou destemor, coragem, ousadia e disponibilidade para qualquer tipo de atividade solicitada. Era objetivo, direto e pontual. E, o mais incrível, ele nunca ficou doente ou sentiu qualquer tipo de problema que demonstrasse que seu corpo estava enfermo. Preocupado somente em defender os interesses do grupo em que trabalhou durante 20 anos, esqueceu de cuidar de si mesmo. Na missa de sétimo dia, mandada ser celebrada pelo Grupo Rede em sua homenagem, na Igreja do Colégio São Luiz — e também em várias outras cidades do país onde a empresa estava presente — ouvi de um de seus acionistas: "Eu gostava demais de seu irmão pela sua franqueza e dedicação. Era um homem corajoso, humilde e incansável trabalhador."

Ao acompanhar seu intenso sofrimento durante o período da doença, procurei aprender o máximo com suas experiências e observações. Registrei em meu caderno de anotações alguns de seus comentários: "Meu irmão, vivi apenas para o trabalho. Não aprendi a fazer outra coisa. Esqueci de cuidar de mim mesmo. Não tomei os cuidados devidos"; "Meu irmão, agora que estava pensando em desfrutar de minha fazenda e viajar mais do que fiz até hoje, eis que sou vítima de um câncer mortal. Tenho consciência da gravidade de minha doença".

A cada visita que fazia a ele no hospital, eu pensava sobre a vulnerabilidade, a finitude da vida humana e a importância da aquisição do verdadeiro e indispensável conhecimento para uma vida livre, feliz e saudável. Ao voltar para meu escritório, procurava conversar com o mais sábio dentre os sábios, Salomão, rei de Israel. Em nossos diálogos, ele me dizia: "Melhor é uma mão cheia com descanso do que ambas as mãos cheias com trabalho e aflição de espírito"[11]; "Todo o trabalho do homem é para a sua boca e, contudo, nunca se satisfaz a sua cobiça"[12]; "O que amar o dinheiro nunca se fartará de dinheiro"[13]; e "Quem amar a abundância nunca se fartará da renda"; "Tudo isso é vaidade"[14]; "Sobre tudo o que se deve guardar, guarda o teu coração, porque dele procedem as saídas da vida"[15]; e, ainda, "Feliz o homem que acha sabedoria e o homem que adquire conhecimento; o alongar-se da vida está na sua mão direita. Na sua esquerda, riqueza e honra. Os seus caminhos são caminhos deliciosos, e todas as suas veredas, paz. É árvore de vida para os que a alcançam, e felizes são todos os que a retêm".[16]

A partir da doença de meu irmão, experimentei a mais triste experiência sobre a perda. E, ao refletir sobre sua vida e carreira, eu me lembrei do homem que confundiu sua vida com o seu trabalho e se deu muito mal. E mais: compreendi que os nossos colegas, principalmente aqueles que concorrem conosco pelas mesmas posições, não nos admiram por sermos grandes pais, bons donos de casa, grandes companheiros, bons amigos ou até mesmo bons cidadãos. Como escreveu Jonathon Lazear, agente literário norte-americano: "A única maneira de se tornar o macho líder do bando é ultrapassar os outros concorrentes a este lugar. Trabalhar além da razão, por mais tempo, e produzir. É uma competição. É um esporte. É desumano."[17]

É muito difícil voltar atrás quando conhecemos o status, o conforto e uma vida mais abastada. Dinheiro e status deixam tudo tão claro. Nós sabemos qual o preço de um carro de luxo, de uma viagem para o exterior e das roupas de grife. Esses símbolos de status se tornam um rascunho de nossa autoestima. Nós só precisamos olhar para a marca na grade do carro para sabermos qual é o nosso valor. É um erro pensar assim.

Infelizmente, o que acontece com a maioria dos profissionais obcecados com o sucesso profissional, qualquer que seja o preço a ser pago, é que eles caminham indiferentes a tudo e a todos, como se a vida pessoal pudesse ser resumida apenas ao trabalho, à acumulação de bens, ao poder, ao status, ao prestígio, ao reconhecimento e à fama. Quando isso ocorre, os indivíduos normalmente se tornam soberbos, egoístas, vaidosos e impenetráveis em sua maneira de pensar.

Você precisa ter em mente, caro leitor, que o topo e o vale estão na mesma paisagem. Um não se destacaria sem a existência do outro. São complementares em seus contornos diferentes. O sucesso, isoladamente, não faz sentido. Seu preço extorsivo é o vazio existencial. Se você se sente verdadeiramente superior aos outros, seguramente parou de aprender. E despertará nos demais uma inveja acirrada e maligna que será dirigida exatamente contra você.

O sucesso que verdadeiramente conta e do qual nunca terá arrependimentos, como observou Paul Pearsall, Ph.D., renomado psiconeuroimunologista norte-americano, é aquele que acontece "não porque você conquistou algo que lhe fez sobressair. Ele acontece porque você viveu de forma a poder fácil e alegremente se integrar com todos os outros. Ele acontece quando as mesmas pessoas que aplaudem as suas conquistas extraordinárias conseguem distinguir quem você é do que você fez e vê-lo como um deles, e não como um topo nas alturas separado de todos os demais. Ele acontece quando você consegue se sentir totalmente absorvido em um jantar em família sem escutar sussurros sobre o quanto você é maravilhoso em seu trabalho ou carreira. Ele acontece quando você não tem que suportar a falta de sensibilidade não intencional daqueles que diminuem ou explicam suas conquistas como fruto da boa sorte".

Você pode se considerar um profissional bem-sucedido quando as pessoas disserem que você chegou ao topo de sua carreira sem enganar ninguém, sem ter pisado ou humilhado uma quantidade enorme de companheiros de trabalho a fim de subir na escada corporativa, sem fazerem seus filhos e esposa derramarem lágrimas e experimentarem dores e sofrimentos porque você os abandonou apesar de residirem sob o mesmo teto. E sem ouvir que você mentiu, roubou, maquiou dados e destruiu os sonhos de outras pessoas. O testemunho de Matt Biondi, campeão olímpico, fortalece minha argumentação: "Eu nunca fui tão infeliz como no momento em que finalmente atingi o nível de sucesso para o qual devotei toda minha vida para alcançá-lo. Eu havia me tornado o segundo nadador na história a ganhar sete medalhas em uma Olimpíada. Eu havia ganhado um total de onze medalhas em três Olimpíadas, sendo oito delas de ouro. Entretanto, eu percebia que a cada vez que uma medalha olímpica era colocada em meu pescoço, um pensamento estranho passava em minha cabeça: que o sucesso como eu o tinha concebido durante toda minha vida era uma ilusão. Em meu novo papel de herói olímpico, minha vida se tornara mais complicada, confusa e menos 'minha'. Como ocorre com a maioria das pessoas em nossa cultura moderna, eu acreditara que o esforço para atingir o maior patamar de sucesso pessoal mudaria tudo em minha vida para melhor. Eu persegui o sucesso porque, como muitos outros, eu assumi que ele de alguma maneira me faria superior aos outros e que eu estaria no topo do mundo. Mas, com o sucesso que eu tanto desejara, veio a compreensão que estar no topo do mundo me fez sentir que eu não era mais parte do mundo real — na verdade, eu me sentia perdido nele."[18]

Capítulo 10

Administre o seu ego

"Um homem que é senhor de si mesmo e age sempre com sangue frio tem uma grande vantagem sobre aquele que é de natureza vigorosa e facilmente inflamável."

François de Callières (1645-1717)[1]
Diplomata, secretário de gabinete de Luís XIV

Quando um profissional conquista uma posição de destaque dentro de uma organização e vê sua carreira se consolidar, eu costumo dizer que ele passou a fazer parte de um clube fechado e muito especial, pois apenas um pequeno e seleto número de profissionais consegue alcançá-lo. É como uma corrida de Fórmula 1: todos correm, porém somente um ganha o grande prêmio. Você vai perceber durante sua escalada que alguns começam extremamente bem, mas logo desistem porque não suportaram as adversidades. Outros caminharão lado a lado com você e, por vezes, você terá a sensação de que eles chegarão à sua frente. Mas muitos deles também não irão longe. Ao longo dos anos, eles serão dominados pela rotina e pela complacência e assumirão uma posição intermediária. Você ouvirá deles uma série de lamentações: "Eu estou sendo subestimado"; "Fui vítima de downsizing"; "Eu não fui capaz de vender as minhas ideias à alta administração"; "Eu não fui reconhecido em meu trabalho"; "Eu não soube jogar politicamente", etc. Você ficará impressionado também com o grande número de profissionais que sequer saíram do lugar e preferiram a comodidade de não correr riscos e evitar os perigos maiores.

Aqueles que vencem essa corrida geralmente são apresentados a um mundo que pode deslumbrá-los em um primeiro momento. Eles passam a fazer viagens de negócios em jatos corporativos ou em poltronas de primeira classe, têm helicóptero à disposição para deslocamento rápido, carro de luxo na porta de casa, direito à hospedagem em hotel cinco estrelas, almoços e jantares em lugares inusitados e badalados, segurança particular 24 horas por dia para a família, acesso a clubes privados de golfe, cartão corporativo sem limite de gastos, convites para participar de Câmaras de Comércio e de entrevistas em jornais, emissoras de rádio e canais de televisão, etc. Tudo por conta da empresa.

Não digo que esses talentos acima da média não mereçam toda essa mordomia. É claro que fizeram por merecê-la, mas esse mundo pode se tornar perigoso se eles não souberem administrar o seu ego. E é justamente para esse detalhe que quero chamar a sua atenção. Muitos executivos de grandes corporações caem em desgraça porque não dão importância a esse assunto. Basta acompanhar as sessões de economia e negócios dos bons jornais e revistas especializadas para encontrar uma série de casos que ilustram o que estou dizendo. São profissionais de grandes corporações que, em vez de administrá-las e cuidar de seu patrimônio, acabam roubando-as, dilapidando seus bens e quebrando-as.

Esse fenômeno acontece nos mais variados campos de atividades. São consultores conhecidos que, no desejo de conquistar notoriedade, plagiam livros e atribuem determinadas teorias à sua pseudogenialidade intelectual, ou artistas famosos que roubam ninharias em lojas de departamento, ou ainda desembargadores e ministros acusados da venda de sentenças judiciais. Pessoas bem-sucedidas às vezes fazem as coisas mais estúpidas e absurdas, destruindo a carreira e a própria reputação.

Por que tanta gente age de maneira antiética mesmo sabendo que está colocando em risco tudo o que conquistaram? Há várias explicações:

- Quando um profissional chega ao topo da hierarquia de uma organização, um grupo de servos logo surge para servi-lo e fazer com que todas as suas vontades sejam cumpridas e se tornem realidade. Tudo parece confirmar que os limites existem apenas para os outros, jamais para ele. Com tanto poder em mãos, esse indivíduo começa a se sentir acima do bem e do mal. Passa a burlar as leis do país, a assediar moral e sexualmente seus subordinados, a ferir princípios éticos e morais sem que sofra nenhuma penalidade. Mas um dia — e esse dia sempre chega — ele é descoberto e cai em desgraça.
- É comum ele procurar se cercar de subordinados medíocres e que só sabem dizer amém a tudo o que diz e faz. Ele passa a acreditar cegamente no que ouve de seus subordinados, a aferir o seu valor pessoal pelo que lê nos jornais a seu respeito e a acreditar nos seus *press releases e louvores* criados pelos assessores de relações públicas. Ele fica tão envolvido com a própria imagem e a sua vaidade que perde a sensibilidade em relação aos sentimentos dos outros. Sua arrogância tem um efeito corrosivo e devastador na equipe. Além disso, ele se torna um perigo potencial no processo de tomada de decisões.
- O egocentrismo pessoal desenfreado o cega completamente. Como consequência, vive cada vez mais no mundo de sua imaginação. Como acredita sinceramente que não é capaz de errar, torna-se uma ameaça aos homens e mulheres que precisam trabalhar sob sua direção.

Harold Geneen, ex-presidente da ITT, em avaliação sobre esses profissionais, escreveu: "O egocêntrico pode andar, falar e sorrir como qualquer outra pessoa; ainda assim está tão debilitado pelo seu narcisismo quanto o alcoolista pelos seus martínis. Ele passa a resistir à recepção de informações contrárias a alguma ideia ou imagem preconcebida que tenha de si mesmo. Na vida profissional, o egocêntrico supremo acredita ser mais inteligente do que todos os outros ao seu redor, que foi iluminado por alguma entidade superior para saber a resposta a tudo, que está no controle e que os demais à sua volta estão ali para servi-lo."[2]

Reconheço que é extremamente difícil não cair nessa armadilha. Não importa o que você diga ou faça, estará sujeito a um tratamento diferenciado sempre que ocupar uma posição de destaque. E essa distinção o isolará da realidade da vida, alterando sutilmente a maneira de enxergar as coisas. Mas é importante que você se esforce para que não seja preso e arrastado por essa rede poderosa.

O bom executivo analisa suas ações em busca de qualquer sinal de preconceito e vaidade. É o primeiro a praticar o ensinamento cristão que diz: "Se alguém quer ser o primeiro, será o último e servo de todos."[3] Mesmo que você venha um dia a desfrutar de privilégios como poder, dinheiro, fama, status e reconhecimento, ainda assim você continuará sendo humano e, portanto, sujeito a cometer erros. Mantenha os seus pés sempre no chão. Como diz a sabedoria judaica: "Quem faz da autopromoção uma carreira e só busca popularidade e fama está fadado ao desapontamento. Quem quer se tornar manchete e conquistar admiração, apenas alcança um fogo de palha. As massas são notavelmente volúveis e suas escolhas mudam facilmente. A popularidade baseada no sensacionalismo cai facilmente. Quem hoje está nas manchetes, amanhã estará no cesto do lixo."[4]

Aqui estão algumas recomendações que poderão ajudá-lo nesse momento auspicioso de sua vida e carreira:

1. **Seja humilde e não se deixe seduzir por um poder que é apenas passageiro.**

    A humildade é um dos atributos mais importantes de um líder autêntico e influente. Ela mortifica o orgulho injustificado, sepulta a presunção exacerbada, esquarteja a arrogância doentia e redime a alma consciente de suas próprias vulnerabilidades. Assim, podemos dizer que o executivo só é verdadeiramente grande quando ele é humilde. O homem não é o centro do universo como apregoavam os filósofos racionalistas e os teólogos da cidade secular. O homem não é senhor absoluto e árbitro incontestável, mas — e nisso está a sua grandeza incomparável — é ministro do desígnio de Deus, como observou o papa João Paulo II em sua encíclica papal, *Evangelium Vitae*.[5]

Ser humilde pode parecer para muitos a antítese da autoconfiança. Alguns podem até confundi-la com subserviência. Nada mais distante da verdade. Todavia, entre os profissionais que vivenciam um sucesso contínuo, a autoconfiança pode degenerar-se em um orgulho injustificado. Doutor Russell H. Conwell, em um de seus mais famosos sermões, *Acres of Diamonds*, indagou aos seus ouvintes: "Vocês já repararam em um homem que costuma pavonear-se, sentindo-se grande demais para prestar atenção a um simples mecânico trabalhando? Pensam que ele é grande? Ele é apenas um balão inchado, preso ao chão pelos pés enormes. Nele não há grandeza!"[6]

Quando os líderes começam a pensar que todos os seus êxitos se devem a seu próprio brilhantismo e a sua determinação, é porque perderam o senso da humildade, e, em vez disso estão com a autoestima inflada. Esquecem que seu sucesso depende de muitas outras pessoas. O importante aqui é lembrar que nenhum sucesso é exclusivamente seu e manter humildade diante dele. Portanto, tenha sempre os pés no chão. Você não é o único no mundo. Você não é autossuficiente. Você depende de inúmeras outras pessoas para se manter no poder, mesmo que não as valorize. O seu sucesso se converterá em amargura, tristeza e dor, se você desejar ficar sozinho no topo.

2. **Questione seus verdadeiros talentos e a sua genialidade de executivo superstar.**

Não tenho nenhuma dúvida sobre a importância da autoconfiança para o sucesso de uma carreira. Ela é essencial para todo profissional que aspire a primeira posição em uma organização. Afinal, o líder precisa saber transmitir suas ideias com convicção a seus liderados e saber se impor com elegância e humildade. Tenha em mente que sua liderança estará sempre sujeita às correções de rumo. Você deve estar disposto a admitir seus erros, a ouvir opiniões contrárias as suas próprias, a aceitar críticas com humildade e corrigir os seus erros sem sentimentos de medo, derrota ou culpa.

3. Mantenha os seus pés no chão e nunca permita que a soberba domine a sua alma.

Recentemente, consultando obras do judaísmo, eu me deparei com uma história que ilustra essa recomendação. Segundo um de seus autores, um renomado rabino seria homenageado pelo seu excelente trabalho. Logo que chegou para o grande banquete que lhe seria oferecido, pediu para permanecer sozinho por alguns instantes. O comitê ficou surpreso com a solicitação. Entretanto, cedeu ao seu apelo e o aguardou por mais de uma hora. Como o rabino demorava a sair da sala, alguns dos membros do comitê passaram a observá-lo pela fresta da porta e viram que ele caminhava de um lado para outro da sala e falava consigo mesmo. Temendo que algo estivesse errado, eles de aproximaram do rabino e perguntaram se ele não estava se sentindo bem. O rabino, sorrindo, disse-lhes: "Não. Eu não estou doente. Eu estava somente antecipando os louvores e elogios que vão acumular-se sobre mim. Existe sempre uma tendência a acreditar no que está sendo dito, mas a força destas declarações provém do fato de serem os outros que os estão fazendo. Durante a última hora, eu fiquei repetindo para mim mesmo todos os elogios e louvores que poderão ser proferidos mais tarde e não estou impressionado! Espero que este exercício permita-me continuar não impressionado mais tarde."[7] Moral rabínica: "A honra foge daqueles que a perseguem, e persegue aqueles que dela fogem."

4. Quando você estiver surfando na crista da onda do sucesso, reserve alguma coisa para o futuro, pois os ventos poderão mudar de direção rapidamente e pegá-lo de surpresa.

Tudo na vida é passageiro e o sol é novo a cada dia. Na vida de um ser humano, seu tempo é apenas um instante — um sopro — e a sua glória, muito breve também. Horácio, poeta latino, dizia: "A breve duração da vida não nos permite alimentar longas esperanças."[8]

Portanto, meu prezado jovem, reserve alguma coisa para o futuro, pois você nunca saberá o que o dia de amanhã trará.

Porém, independentemente da brevidade da vida, sua posição e glória, prepare-se nos momentos de sorte para a hora da adversidade e do infortúnio. Baltasar Gracián, discorrendo sobre esse assunto, escreveu: "É de bom alvitre colher no verão provisões para o inverno, e é bem mais fácil. Nessa hora são baratos os favores e há abundância de amizades. É bom poupar contra o mau tempo que é a adversidade cara e carente de tudo. Forme uma reserva de amigos e de agraciados, pois um dia fará muito de quem hoje não faz caso. A sordidez não tem amigos na prosperidade, por não querer conhecê-los, e na adversidade, por não quererem conhecê-la."[9]

Aqui estão alguns princípios que poderão ampará-lo e protegê-lo no futuro:

- Cuide de seus centavos e os milhões cuidarão deles mesmos.
- O homem honesto é aquele que sabe que não pode consumir mais do que ele produziu.
- Evite desperdiçar dinheiro. Poupe cada centavo e tenha muito cuidado com as despesas invisíveis (aquelas pequenas despesas que não contabilizamos, mas quando somadas fazem uma grande diferença no final de cada mês). Elas podem se transformar em verdadeiros algozes de sua saúde financeira.
- Não dê satisfação de sua vida financeira a ninguém. Afinal, ninguém paga as suas contas. Cuidado com os olhos gordos. Eles existem e podem secar a sua planta de estimação.
- Aprenda a investir o seu dinheiro com sabedoria. Lembre-se de uma expressão popular: "O olho do dono engorda o gado."
- Não se deixe seduzir pela aparente prosperidade de seus vizinhos. De longe, diz o provérbio popular, toda grama é verde.
- Confira diariamente o seu saldo bancário. Examine-o com uma lupa.

- Nunca confie plenamente a administração de seus recursos financeiros a um gerente de banco. Todos eles estão nos postos que ocupam para defenderem os interesses de suas instituições bancárias em primeiro lugar. Daí porque eles recebem salários e bônus dessas mesmas instituições todos os anos. Se tiver de negociar com eles, seja duro também.
- Administre as despesas de sua casa com inteligência e ensine a seus filhos o hábito da poupança. De nada ajuda um jovem ou uma jovem herdar dinheiro. No momento em que um jovem ou uma jovem dispõe de mais dinheiro do que aquele que, por experiência prática, ele ou ela estavam acostumados a ter, eles são atingidos por uma praga, como escreveu Russell H. Conwell.

5. **Forme um grupo de amigos verdadeiros e não por conveniência apenas, pois amanhã, no momento em que você tiver de deixar o poder, eles fatalmente o abandonarão.**

Quando você está no poder, todos desejam se aproximar. Todos querem ser fotografados ao seu lado. Todos dizem que admiram a sua genialidade. Todos dão tapinhas em suas costas e sussurram que você é maravilhoso, excepcional e brilhante. Você é o cara. Esse é o grande perigo. Você poderá se cercar de um exército de bajuladores, de falsos amigos e de pessoas que ambicionam tirar proveito de sua notoriedade. Passe muito tempo entre eles e logo descobrirá que preço terá de pagar. No momento em que você perder o poder, muitos daqueles que o elogiavam em público passarão a ignorá-lo. Lembre-se sempre: a maior parte das pessoas respeita e admira o cargo, e não aquele que o ocupa.

Não é você que eles admiram, mas a sua posição. Portanto, nunca confunda o homem com o cargo que ele ocupa. Gosto muito das palavras sábias de Adam Smith: "Para um homem verdadeiramente sábio, a aprovação judiciosa e ponderada de um único sábio proporciona mais satisfação sincera do que todos os ruidosos aplausos de dez mil admiradores ignorantes, ainda que entusiásticos."[10]

6. **Cultive outras atividades além daquelas decorrentes de seu cargo.**

   Ao longo de minha vida como conselheiro de presidentes e diretores de grandes empresas, tenho encontrado muitos executivos cujas vidas podem ser consideradas sincronizadas e exemplos edificantes. Eles cultivam atividades que vão muito além das associadas ao seu ofício: praticam esporte, mantém o hábito da leitura, vão a concertos, cuidam de sua espiritualidade e doam seu tempo para instituições sociais e de caridade, entre outras. Conheci, no entanto, outros que viviam apenas para o trabalho. Suas vidas eram estéreis, desprovidas de alma e totalmente desbalanceadas. Eles se tornaram incapazes de falar outra linguagem que não a dos negócios — o preço das ações, o índice de inflação no país, as taxas de crescimento econômico para os próximos cinco anos, investimentos pessoais e corporativos, etc.

   Por outro lado, eles perderam a sensibilidade de dizer coisas como, "O meu filho obteve notas maravilhosas na escola"; "Ontem à noite fui ao teatro infantil com meu filho ou neto"; "Minha esposa me ofereceu um jantar especial"; "Saí para jantar com um amigo de infância"; "Passei o final de semana caminhando em uma praia deserta"; "A lua estava belíssima ontem à noite"; "Li um poema de Fernando Pessoa"; "O pôr do sol é um das coisas mais lindas que existe...". Enfim, perderam a sensibilidade para desfrutar dos detalhes mais preciosos da vida.

7. **Retribua de maneira generosa à sociedade tudo aquilo que ela lhe proporcionou.**

   Um profissional de sucesso pode retribuir à vida e à sociedade parte daquilo que conquistou com seus méritos e talentos. É comum vermos executivos adotando os seguintes princípios:

   - Fazendo doações em dinheiro a ONG's sérias e comprometidas com os serviços que empreendem em benefício de determinados setores da sociedade.

- Criando uma fundação com os mais diferentes fins — pesquisar a cura do câncer, combater a pobreza em determinadas regiões do mundo, construir bibliotecas, ensinar as crianças o gosto pela leitura, etc.
- Construindo um prédio para abrigar uma creche ou uma escola — do curso elementar a uma faculdade —, hospital, museu, teatro e centro para pesquisas científicas.
- Erguendo uma igreja, não importa o credo religioso, para a divulgação de ensinamentos sadios de bem-viver.
- Dedicando parte de seu escasso tempo para conversar com doentes nos hospitais, ou até mesmo com detentos nas prisões, a fim de arrancá-los de uma vida criminosa.
- Disseminando o conhecimento e a cultura por meio de palestras, conferências, artigos e livros.
- Dando aulas em uma faculdade com o objetivo de orientar os jovens sobre questões vitais para a condução de uma vida digna e sadia.
- Fazendo *coaching* gratuitamente, entre tantas outras coisas.

Nos Estados Unidos, esses profissionais, homens e mulheres, constituem um exército extraordinário. A soma de dinheiro que eles doam à sociedade chega a uma cifra gigante — 600 bilhões de dólares anuais — fora o tempo gasto em atividades filantrópicas que não entram nessa contabilidade. No Brasil, ainda são poucos os executivos que verdadeiramente contribuem de forma inteligente com o seu tempo, sua experiência, seu talento e o seu dinheiro para o bem dos menos favorecidos.

No meu campo de trabalho, tenho procurado ajudar pessoas por meio de meus artigos, palestras e aconselhamentos individuais, sem exigir delas absolutamente nada em troca. Eu os realizo sem nenhuma compensação financeira. É o prazer de servir. Aprendi, desde a minha infância, a doar. Aprendi a fazê-lo na Escola Dominical e no berço familiar. O profissional que não doa é uma pessoa pobre de alma e de espírito. Afinal, é feliz apenas aquele que doa o melhor que ele possui. Martinho Lutero, reformador religioso alemão, disse: "Deve-se doar com a alma livre, simples, apenas por amor, espontaneamente!"[11]

O ensinamento de Lutero está em completa sintonia com o relato bíblico feito por Marcos sobre a oferta da viúva pobre. Nele, lemos: "Assentado diante do gozofilácio, observava Jesus como o povo lançava ali o dinheiro. Ora, muitos ricos depositavam grandes quantias. Vindo, porém, uma viúva pobre, depositou duas pequenas moedas correspondentes a um quadrante. E, chamando os seus discípulos, disse-lhes: Em verdade vos digo que esta viúva pobre depositou no gozofilácio mais do que fizeram todos os ofertantes. Porque todos eles ofertaram do que lhes sobrava; ela, porém, da sua pobreza deu tudo quanto possuía, todo o seu sustento."[12]

8. Enriqueça o coração e a alma com as coisas do espírito. Desenvolva sua espiritualidade.

Não posso lhe dar recomendação mais valiosa do que a de cultivar a espiritualidade. E aqui não estou me referindo às instituições religiosas ou igrejas, pois há muitas por aí que não merecem crédito e usam o nome de Deus em vão. Nas últimas décadas, vários templos se converteram em covis de salteadores como no início da Era Cristã. Os púlpitos se converteram em verdadeiros balcões de Wall Street, os pregadores em corretores de bolsas de valores, os cultos em shows de personalidade, as pregações em estelionato religioso e os crédulos fiéis em mercadoria para barganha política.

Eu me recordo ainda hoje quando meus pais me instruíam sobre a importância da espiritualidade e, para enfatizá-la, liam um trecho que ainda hoje posso citar de memória: "Lembra-te do teu Criador nos dias da tua mocidade, antes que venham os maus dias, e cheguem os anos dos quais dirás: Não tenho neles prazer; antes que se escureçam o sol, a lua e as estrelas do esplendor de tua vida, e tornem a vir às nuvens depois do aguaceiro..."[13]

Infelizmente, o deplorável cenário atual faz com que as pessoas descrentes não busquem a espiritualidade, pois elas não veem compatibilidade entre o que eles pregam e o que eles praticam. Consequentemente, o mundo moderno passa a ser dominado pelo materialismo egoísta e cego às necessidades alheias das pessoas. O individualismo torna homens e mulheres cada vez mais pobres e mesquinhos. A ganância procura corromper todos os princípios morais e de civilidade humana e os indivíduos se tornam incapazes de distinguir a diferença entre a verdade e a mentira.

O culto a Deus é dever de todo ser humano criado à sua imagem e semelhança. Negá-lo ou afastar-se Dele é um grande erro. Afinal, como foi dito por Moses Maimônides: "O princípio de todos os princípios, e a base de toda sabedoria, é saber que há um Ser Primeiro, que dá vida a todos os seres."[14]

Mas como entrar em contato com Deus? Para encontrá-Lo, necessitamos crescer espiritualmente. Devemos a cada dia nos elevar, passo a passo, até que comecemos a ver o universo a partir de uma dimensão espiritual e, por fim, da perspectiva de Deus. Essa jornada completa o círculo de nossa missão cósmica — começando em Deus e terminando em Deus, realizando assim a visão de nosso criador. Devemos abrir a mente e o coração a uma nova realidade — a de que a realidade humana é, na verdade, apenas uma pequena parte de algo maior e que a tudo abrange. Como disse o renomado rabino Menachem Mendel Schneerson, estamos aptos a ultrapassar os limites da existência humana.

Ainda, segundo Mendel: "Tal conduta divina cria uma unidade entre homem e Deus, a meta para cuja concretização fomos postos na Terra. Sua própria perspectiva do mundo começa a mudar; você começa a vislumbrar a luz dentro do contêiner. Você reconhece Deus em todas as coisas a sua volta. Quando você come, entende que está nutrindo a si mesmo para propósitos construtivos e divinos. Você se dá conta de que cada coisa possui um propósito divino maior do que a mera satisfação de suas necessidades. Sua mesa está destinada ao estudo, sua sala de estar para conversas significativas. Seu trabalho não é mais apenas um meio para ganhar a vida, mas uma oportunidade para comportar-se de forma mais moral e ética, e para introduzir Deus em nosso mundo. [...] Você aprende a ser sensível a providência divina. Você reconhece que tudo, de uma folha flutuando ao vento, ao movimento das galáxias, é conduzido pela mão divina. Portanto, em vez de você olhar a vida de fora para dentro, você a olha de dentro para fora."[15]

A consciência de que o trabalho humano é uma participação na obra criadora de Deus deve impregnar todas as suas atividades. Lembre-se: você é apenas um "steward" e um obreiro de Deus. Comporte-se, pois, como tal.

Quando chegar ao topo de sua carreira, faça a si mesmo as seguintes perguntas: "Por que Deus me colocou em uma posição tão elevada e privilegiada?"; "Por que eu fui o escolhido e não o meu amigo?"; "O que Deus espera que eu faça em favor de todas aquelas pessoas que dependem de mim para orientação e conselho?"; "O que Deus espera que eu faça para tornar o planeta um lugar melhor para se viver e se trabalhar?".

Vários exercícios poderão ajudá-lo nessa aproximação com o Divino:

- Reserve diariamente em sua agenda um período para cultivar um relacionamento mais íntimo com Deus por meio da meditação, da contemplação e da oração.
- Leia livros inspiradores que o tornem um ser humano melhor do que já é, como a Bíblia.
- Agradeça a Deus, diariamente, por tudo o que Ele lhe deu ao longo de sua vida — saúde, família bem constituída, amigos verdadeiros, posição elevada e influente, oportunidade para expressar os seus talentos e influenciar pessoas, fortuna ou admiração, entre tantas outras coisas.
- Valorize a natureza em toda a sua extensão e beleza. Caminhe solitário à beira do mar, sinta a areia sob seus pés, o vento tocar o seu corpo e o barulho de suas pegadas e diga: "O Senhor é o meu refúgio. Fiz do Altíssimo a minha morada. Nenhum mal me sucederá, praga nenhuma chegará à minha casa. Porque aos seus anjos dará ordens a meu respeito, para que me guardem em todos os meus caminhos. Eles me sustentarão em suas mãos, para que eu não tropece em alguma coisa."[16]
- Leia poesias. A leitura de poesias faz você externar espontaneamente todos os seus mais intensos sentimentos. E, além disso, torna você

um executivo mais sensível e mais humano. Horácio, poeta latino, escreveu que "a poesia é como a pintura".[17] E. G. Berchet, poeta italiano, disse: "Todos os homens, desde Adão até o sapateiro que nos faz belas botas, têm no fundo da alma uma inclinação à poesia."[18] Abra o seu coração, não guarde os seus sentimentos apenas para você, pois poderá descobrir um dia que essa sua atitude lhe causou um enorme prejuízo. Existe hábito mais agradável e mais humanizante do que ler poesias, sentado na varanda de um apartamento ao cair do por do sol, à beira do mar?

9. **Construa os alicerces de sua casa sobre a rocha firme, a fim de que ela não seja avariada ou destruída facilmente. Valorize e ame a sua mulher, marido e filhos, se os tiver. Eduque-os de maneira sábia. Viva a vida intensamente porque um dia no futuro você haverá de prestar contas por ocasião do Supremo Tribunal Divino.**

Todos os dias, quando impreterivelmente chego às seis horas da manhã ao meu escritório, sou saudado por um coral de passarinhos que canta sobre uma árvore frondosa ao lado de minha sala. No final da tarde, o mesmo concerto se repete de maneira apaixonante, inspiradora e bela. Afinal, quem não se rende ao cântico de seres tão vulneráveis e pequenos? Essa experiência diária me conscientiza de que os pássaros, após árduo trabalho em busca de alimento, retornam aos seus ninhos ainda mais felizes. Eles voltam para o próprio ninho, lugar onde se sentem seguros — no topo da árvore — e passam as noites protegidos de seus predadores naturais. Ao refletir sobre o caminho empreendido por esses pássaros todos os dias, sou convencido de que todo profissional deveria sentir sensação semelhante quando regressa para casa após um dia de trabalho intenso, exaustivo e estressante.

Infelizmente, tenho encontrado muitos profissionais que me dizem sentir exatamente o oposto quando chegam em casa — eles não têm nenhum prazer em voltar para seus lares. Daí porque tantos chegam a fazer uma jornada de 14 a 16 horas de trabalho todos os dias, de levarem trabalho para casa e ficarem enviando e-mails para subordinados às três horas da madrugada. Pobres homens!

Meu caro jovem, seu lar é o seu ninho. Nele você deve se sentir amado, protegido, seguro e feliz. Seu lar é o centro de sua vida, o eixo do qual se prolongam todas as suas outras experiências diárias. Seu lar é o ponto de partida seguro que lhe dá confiança para explorar o terreno de um mundo imprevisível e frequentemente perigoso. Nunca se esqueça disso.

Lin Yutang, anteriormente citado, escreveu: "Sempre me pareceu que a prova final de qualquer civilização é o tipo de maridos e esposas e pais e mães que ela produz. Fora da austera singeleza de tal questão, todas as demais realizações da civilização — arte, filosofia, literatura e vida material — empalidecem até a insignificância."[19]

Agora me permita lhe deixar quatro perguntas extraídas da sabedoria judaica para a sua reflexão diária. São estas questões que o presidente do Supremo Tribunal Divino haverá de lhe fazer:

- Como você administra a sua vida e a sua carreira?
- Como você administra a sua casa e educa os seus filhos?
- Como você administra os seus negócios, de maneira ética ou antiética?
- Quando você partir para a eternidade — que é o destino de todos os homens — que legado deixará à sociedade?

Capítulo 11

Não entre em rota de colisão com o seu chefe

> "Faça sempre com que as pessoas acima de você se sintam confortavelmente superiores. Querendo agradar ou impressionar, não exagere exibindo seus próprios talentos ou poderá conseguir o contrário — inspirar medo e insegurança. Faça com que seus mestres pareçam mais brilhantes do que são na realidade e você alcançará o ápice do poder."
>
> Robert Greene (1959–)[1]

A figura do chefe é decisiva na carreira das pessoas — para o bem ou para o mal. Um chefe ruim pode prejudicar o seu desenvolvimento, fazê-lo patinar na escalada hierárquica, impedi-lo de aproveitar oportunidades e até demiti-lo de forma a deixar uma mancha em seu currículo. Já um chefe bom é capaz de orientá-lo, desenvolvê-lo, dar suporte ao seu crescimento e amadurecimento e conquistar o respeito dos colegas, entre outras coisas. Seja como for, não há chefe que dure para sempre, principalmente se ele for incompetente. A sua permanência em uma empresa tem a duração de uma chuva de verão.

Não importa, caro jovem, qual posição você ocupa na estrutura hierárquica de uma organização ou mesmo que tipo de chefe você tem — se preparado ou despreparado, inteligente ou medíocre, seguro ou inseguro, extrovertido ou introvertido, paranoico ou equilibrado, civilizado ou incivilizado. É ele quem determina o grau de sucesso ou insucesso que você obterá em sua carreira. Tenha sempre isso em sua mente. Dizer que o chefe tem esse poder sobre nossas carreiras pode parecer uma supervalorização do seu papel, mas não é. Há inúmeras razões que comprovam como é grande o impacto do chefe na carreira de seus subordinados. Eis algumas delas:

- É ele quem decide como o seu trabalho será visto pelos seus superiores.
- É ele quem promove sua marca, suas ideias, projetos e realizações perante os outros executivos.
- É ele quem determina qual é a melhor hora para promovê-lo, demovê-lo ou demiti-lo.
- É ele quem determina que tipo de investimento a empresa deve fazer em seu desenvolvimento, como o custeio de cursos no Brasil ou no exterior e a transferência para fora do país para ganhar mais experiência e exposição internacional.
- É ele quem define que aumento salarial você receberá.
- É ele quem fixa o valor de seu bônus anual.
- É ele com quem você passa o maior tempo de sua vida — 75% de seu tempo útil. Esse tempo é superior ao que você passa com a sua família.
- É ele quem encerra em suas mãos o poder de vida ou morte sobre o avanço de sua carreira.

Portanto, nunca subestime o poder ou importância de um chefe para o bem-estar de sua carreira. É difícil manter equilíbrio emocional diante de tal circunstância? Sim, com toda certeza. Sobre essa questão não tenho a mínima dúvida. Mas, mesmo assim, você tem de administrar seus sentimentos em relação a ele, respeitá-lo e ajudar nesse relacionamento mútuo. Para ter um bom convívio com seu chefe e fazer com que ele contribua de alguma forma com o crescimento de sua carreira, observe os seguintes princípios:

- Nunca faça sombra ao seu chefe, ou seja, não brilhe mais do que ele no trabalho. Ele jamais aceitará esse tipo de conduta. Com toda sinceridade, ele o colocará para escanteio tão logo descubra seus movimentos nessa direção.
- Suporte o seu chefe em todas as suas decisões por mais difíceis que sejam engoli-las. Há uma única exceção: pedir para que você aja de maneira desonesta e viole os seus princípios éticos morais e da sua própria organização.
- Mantenha-se no radar de seus superiores — seja visível em sua empresa e fora dela. A melhor maneira para você brilhar em uma organização é satisfazer todas as expectativas de seu chefe, se possível diariamente.
- Deixe-o bem informado sobre tudo o que acontece em seu campo de trabalho e que pode afetar sua área, divisão ou até mesmo a organização. Para que isso ocorra, você terá de manter seus olhos e os ouvidos sempre abertos.
- Cheque com olhos de águia todas as informações a fim de determinar sua veracidade antes de submetê-las a seu chefe. Muitos profissionais caem em desgraça perante seus chefes porque não se atentam a esse fato. E para que isso aconteça, basta muni-lo de informações incompletas ou falsas uma única vez. À medida que você cresce na hierarquia corporativa, a concorrência fatalmente se acirrará e, consequentemente, as pequenas coisas se tornarão cada vez mais importantes.
- Vá à essência das questões e seja objetivo em tudo o que faz ou escreve. Evite a prolixidade, a embromação e a procrastinação.
- Seja grandioso no seu comportamento — não minta, não engane, não roube, não esconda, não falsifique as informações e não seja hipócrita ou um bajulador descarado. Fale a verdade. Há um pro-

vérbio de Salomão que me é muito querido: "O lábio de verdade ficará para sempre, mas a língua mentirosa dura só um momento."[2]

- Fale com ele sempre de maneira respeitosa, educada e profissional. Evite comentários infantis, piadas de mau gosto e comentários que poderão deixá-lo de saia justa. Ele não é seu amigo, como você poderá pensar erroneamente. Portanto, não confunda cordialidade com amizade. Saiba que quase tudo de bom que o chefe faz por você não é por amor, mas para melhorar ainda mais a sua própria imagem e reputação perante sua empresa.

- Nunca o espere solicitar determinadas tarefas. Antecipe-se às suas necessidades e satisfaça-as com alegria e esmero. Sugiro que leia a carta *Uma Mensagem à Garcia*, de Herbert Hubbard.[3] Basta acessar o link: http://www.stetnet.com.br/puglisi/Mensagem_a_garcia.htm.

- Pense antes de falar com ele e de responder às suas perguntas. Nenhum chefe gosta de ouvir de seus subordinados comentários incoerentes e que não resistem a um simples exame.

- Nunca critique ou fale mal de seu chefe em público ou privadamente para o seu superior imediato, pares, subordinados, clientes e fornecedores. Não se iluda: em poucos minutos ele saberá o que você falou. Comentários negativos geralmente percorrem o mundo na velocidade da luz. Seja prudente.

- Nunca aja por teimosia.

- Aprenda a se adaptar a todos, sem violar os seus princípios éticos — a sua reputação é o seu bem maior.

- Procure conquistar a simpatia e a confiança de seu superior imediato. Surpreenda-o com a excelência dos trabalhos que produz e com sua conduta em todas as circunstâncias.

- Mantenha os seus olhos sempre abertos e atentos ao que acontece ao seu redor.

- Cuidado, muito cuidado, com o que fala. Lembre-se do provérbio extraído da sabedoria popular: "As paredes têm ouvidos."

- Seja reservado em relação a você mesmo. Nunca exiba de uma única vez todas as suas qualidades. David Halberstam ao discorrer sobre Robert McNamara, escreveu: "Às vezes, para aqueles à sua volta, ele parecia tão idealista a ponto da inocência. Ele nunca falava sobre poder nem parecia desejá-lo. Mas a verdade era bem diferente. Ele amava o poder e o buscava intensamente, podendo ser um lutador feroz quando a questão do poder estava em jogo... parte de sua força parecia vir de sua capacidade de parecer indiferente, de parecer quase ingênuo sobre as questões do poder."[4]
- Nunca revele os segredos ou pontos fracos de seu chefe a quem quer que seja. Você nunca sabe o que será feito de seus comentários. Baltasar Gracián, tantas vezes citado em meus textos, escreveu: "São especialmente perigosas as confidências da amizade. Quem comunicou seus segredos a outra pessoa se fez escravo dela; em se tratando de superiores é esse um constrangimento que não pode durar. Hão de querer recuperar a liberdade perdida, e para tanto passarão por cima de tudo, mesmo da razão. Segredos, pois, nem os ouça, nem os conte."[5]
- Não acredite e nem divulgue tudo o que você ouve ou lê. Cheque as informações de diferentes fontes.
- Aceite o fato de que você deve pagar seus pecados na vida organizacional.

Se você puder se lembrar de todos esses conselhos ao longo de sua longa caminhada, terá grandes chances de ser bem-sucedido. Mas eu ainda tenho outras recomendações que, somadas a essas, lhe darão mais força e sustentabilidade à sua carreira.

Em 2004, li um livro muito interessante sob o sugestivo título *Career Warfare: 10 Rules for Building Your Successful Brand on the Business Battlefield*. A obra me impressionou muito e reforçou meus conceitos sobre carreira profissional. Nele, os autores David F. D'Alessandro, ex-CEO da John Hancock Financial Service, e Grover Gardner escreveram: "Durante a maior parte de sua carreira, seus chefes receberão o mérito por suas ideias, sugarão sua energia, desviarão a atenção positiva que seus esforços atraem e, como se isso não bastasse, exigirão muita bajulação de sua parte.[6] Talvez você passe a maior parte de sua carreira fazendo milagres e gerando enormes quantias de dinheiro para a organização, enquanto os dirigentes ficam com o lucro. Você paga seus pecados de diversas maneiras. É assim que as organizações funcionam. Os mais velhos da tribo comem primeiro. Se você não aceita isso, há apenas uma coisa a fazer: fundar sua própria organização e ocupar o topo da cadeia alimentar. Caso contrário, é simplesmente impossível combater a estrutura de poder. Cabe lembrar-lhe que as mais promissoras oportunidades nem sempre vão para aqueles que se consideram os melhores, os mais preparados e os mais competentes. Elas vão para aqueles que permanecem sempre no radar da alta administração, sabem vender suas ideias e projetos, formam alianças estratégicas em todos os níveis, desenvolvem uma imagem positiva — "Personal Branding" —, fortalecem a sua reputação, tornam-se indispensáveis para a organização e têm sua marca impressa em tudo o que empreendem.

Isso tudo significa dizer: o seu valor para seu chefe é o de sua utilidade, como escrevi em artigo publicado no site *O Princípio da Sabedoria* (www.oprincipiodasabedoria.com).[7]

Diante disso tudo fica a pergunta: o que, então, um superior imediato espera de seu subordinado? Bem, eu acredito que os chefes, líderes verdadeiros, desejam se cercar de colaboradores diretos que tenham os seguintes atributos pessoais e profissionais:

- **Caráter ilibado.** Nenhum chefe que eu conheço deseja se cercar de pessoas de caráter duvidoso.
- **Competência na execução de suas tarefas.** Procure se esforçar para dar o melhor de si em tudo aquilo que faz. Nunca aceite fazer um trabalho que não seja excelente.
- **Competitividade em tudo o que empreende.** Isso significa dizer que, além da excelência no que faz, é também necessário se destacar do grupo, ou seja, mostrar que você tem potencial para realizar ainda mais e de forma independente e integradora.

- **Credibilidade.** Ela é construída a partir do tratamento rigoroso que você dá às informações, à forma de se conduzir de maneira correta e ética, ao cumprimento dos seus compromissos e objetivos estabelecidos e, especialmente, ao mostrar os valores que são referência para você.
- **Confiabilidade.** Aprecio muito o conselho de Vince Lombardi: "Não sucumba às desculpas. Volte ao trabalho de fazer as correções e formar os hábitos que tornarão seu objetivo possível."[8]
- **Comprometido na execução de seu trabalho.** Isso significa autorresponsabilidade e iniciativa na realização das tarefas e autogerenciamento do tempo. Fazer o melhor e dentro do prazo estipulado.
- **Coerência entre suas palavras e ações.** Epicteto, filósofo grego, recomendava aos seus seguidores: "Antes de mais nada, dize a ti mesmo quem queres ser; depois, segue esse modelo em tudo o que fizeres."[9]
- **Comunicação clara e objetiva.** Quanto mais preciso, simples, educado e coerente na fala, na escrita e na postura, mais os outros compreenderão as suas ideias e mais disposição terão em lhe ajudar.
- **Cooperação permanente.** Competir e colaborar são aspectos complementares e imprescindíveis. E aqueles que competem e buscam melhorias para eles mesmos, a princípio também estão mais aptos a colaborar.
- **Civilidade.** É a boa educação na prática: a solicitude, o respeito às regras, a adequação aos ambientes distintos e o profundo respeito com os outros.

Agora, vejamos que tipo de subordinado um chefe líder não tolera:

- Desleal
- Descompromissado
- Apático
- Complacente
- Desonesto

- Bajulador descarado
- Negativista crônico
- Averso ao risco responsável
- Cabeça dura — inflexível
- Crítico destrutivo
- Inseguro
- Mentiroso
- Não sabe pensar por si e caminhar com os seus próprios pés
- Não tem posição clara e firme e mais parece um "Maria vai com as outras", para usar uma expressão popular. Reconheço que em nossos dias há uma ênfase exagerada nas empresas que advogam o discurso do politicamente correto, mas isso não deve impedi-lo ou inibi-lo de manifestar suas ideias e propostas.

O discurso politicamente correto e demagógico alimenta a falsidade, a hipocrisia, a mentira, a política suja, o relativismo ético e a falta de posicionamento nos círculos executivos. Em algumas empresas, quando um executivo se destaca pelas suas convicções fortes e posicionamento que contraria o interesse daqueles que não valorizam princípios, verdade, objetividade e comunicação transparente e direta, os inimigos procuram manchar a sua reputação dizendo ser ele um executivo polêmico.

Caro leitor, nunca a sociedade necessitou tanto de profissionais com convicções fortes e que valorizam princípios éticos na condução de seus negócios. Portanto, recomendo que tenha princípios e os defenda de maneira inteligente, corajosa e coerente. Porém, tenha muito cuidado ao manifestá-los para que a sua defesa não se transforme em arrogância e o torne o dono da verdade absoluta. Conheço muitos profissionais que caíram nesse erro e pagaram um altíssimo preço. Eles se tornaram inflexíveis, arrogantes e cerraram os seus ouvidos às opiniões, ideias e conselhos alheios. Portanto, siga a instrução dada por Jesus Cristo aos seus discípulos: "Eis que vos envio como ovelhas ao meio de lobos; portanto, sede prudentes como as serpentes e simples como as pombas."[10]

Capítulo 12
Identifique os seus inimigos

"Quando você sai por seu portão, aja como se um inimigo estivesse à vista. Um executivo deve usar a espada do pensamento estratégico em seu cinturão e nunca deve esquecer o espírito de competição."[1]

A experiência adquirida ao longo dos anos dá ao profissional maturidade e sabedoria para enfrentar os problemas, administrar sua carreira e crescer profissionalmente. Mas isso é algo que leva tempo. Se pudéssemos ter essa bagagem no início de nossa trajetória, muitos erros poderiam ser evitados e decisões mais acertadas e ponderadas poderiam ter sido tomadas. Tudo na vida tem o seu tempo de maturação. A maioria das pessoas vai aprendendo com os tombos que a vida lhes proporciona. Elas caem aqui, levantam ali, se dão bem ou mal acolá e assim seguem construindo a carreira. Mas hoje nós estamos na era da informação. Embora você não tenha uma experiência prática, é possível ler muito a respeito da condução de uma trajetória profissional bem-sucedida. Você só chegará ao mercado de trabalho totalmente despreparado se quiser. Sei, no entanto, que seu objetivo é obter o maior número possível de informações para poder utilizá-las com inteligência. Meu objetivo com este capítulo é desmistificar um pouco o ambiente de trabalho e mostrar como você deve fazer para enfrentar seus inimigos — sim, eles cedo ou tarde emergirão para incomodá-lo e ameaçá-lo. Eis algumas verdades que você descobrirá:

- As empresas não são conventos de padres franciscanos ou de freiras "Filhas do Amor Divino". Acredito que elas estão mais para uma cidade onde você se deparará com todo tipo de habitante — o bêbado, o maníaco sexual, o invejoso, o desonesto, o estelionatário, o mentiroso, o masoquista, o preguiçoso, o trabalhador sério, o narcisista, o avarento impiedoso, o subserviente, o fofoqueiro, o honesto, o delegado, o juiz de direito, o padre, a freira, a garota de programa, entre tantos outros indivíduos.

- Encare a vida como ela é e não como você gostaria que fosse. Você terá inimigos desde o seu primeiro dia no trabalho. Não se iluda. Muitos ficarão lhe examinando dos pés à cabeça. Isso ocorre porque o organismo (empresa) normalmente rejeita os corpos estranhos. E você é um desses corpos que precisa esperar até que o organismo o aceite e o incorpore.

- Os seus inimigos crescerão em número cada vez maior à medida que você avançar na hierarquia corporativa e conquistar novas posições. Isso acontece por uma razão muito simples: a estrada vai se estreitando e poucos chegam a empreendê-la em toda a sua extensão.

- Seus inimigos raramente terão coragem e ousadia para confrontá-lo diretamente. Eles agem como guerrilheiros — usam todo tipo de disfarce, artimanhas e ardis — e, além disso, farão de tudo para feri-lo de morte sem deixar qualquer pista sobre os verdadeiros culpados.

- Não importa o que você faça ou deixe de fazer, você terá inimigos na corte empresarial. Muitos deles nem mesmo lhe conhecem de forma profunda. Eles simplesmente não vão com a sua cara. Isso é o que chamamos de "inimizades gratuitas".

- Se você for considerado um profissional "high potential" em sua organização e tiver caído na simpatia dos dirigentes, seus inimigos plantarão todo tipo de informações falsas e caluniosas a seu respeito. Eles farão de tudo para tentar manchar sua reputação e colocar em cheque os seus méritos pessoais para desqualificá-lo.

- Aprenda a identificar os seus inimigos em potencial. Ser paranoico até certo ponto poderá ajudá-lo. Seus inimigos nem sempre são os tipos mais difíceis no trabalho como você ingenuamente poderá supor. Alguns deles nem desejam o seu lugar, mas podem estar alinhados com outros que o desejam. Seu inimigo pode se posicionar politicamente bem melhor do que você, o que lhe deixará em desvantagem.

- Nem sempre você poderá demitir o seu inimigo, pois ele pode ser o seu par ou ocupar outra posição da qual você não tenha autoridade para dispensá-lo. No entanto, se você tiver a autoridade e puder demiti-lo, faça-o o quanto antes. Sua atitude fará com que os demais inimigos que agem na clandestinidade passem a respeitá-lo, pois sabem que você agirá da mesma maneira se eles atrapalharem o seu caminho. Há dois princípios que admiro. O primeiro é extraído da sabedoria militar chinesa que diz: "O que é melhor é uma vitória rápida e uma volta veloz. Se você for rápido, então vai economizar nos gastos e deixar o povo descansar."[2] O segundo vem do judaísmo: "Lança fora o escarnecedor, e com ele se irá a contenda; cessarão as demandas e a ignomínia."[3]

- Aprenda a decifrar as pessoas que estão em todos os níveis da empresa. Identifique especialmente aquelas que negam a meritocracia, que não aceitam a diferenciação e, portanto, não aprenderam a competir de forma justa e honesta. Esses são os seus colegas potencialmente mais perigosos. É neles que você deve prestar mais atenção, embora sem atacá-los injustamente ou precipitadamente. Aqueles que não reconhecem o mérito dos demais têm uma tendência forte ao egocentrismo ou à baixa autoestima e carregam sentimentos inelutáveis de ciúme ou inveja destrutiva. Por não conseguirem se realizar e não confiarem em si, eles tentam de forma consciente ou inconsciente impedir o avanço e o sucesso dos outros. Estão sempre a "puxar" você e a tantos outros para o nível inferior deles na tentativa de estancá-los em patamares medíocres ou inferiores. São verdadeiros vampiros que impedem o seu voo e ainda lhe sugam o sangue.

- Há determinados tipos clássicos identificados pelos estudos da psicologia que demonstram dificuldade de se superar e de competir com demais. Os egocêntricos, por exemplo, desejam ter tudo, preferencialmente sem esforço, mérito ou dedicação. Tornam-se inescrupulosos na satisfação de seus anseios, plantam calúnias devido à pouca maturidade e responsabilidade, só olham para seus interesses pessoais e esquecem o sentido coletivo e comunitário. Agem sem limites e acreditam que os fins justificam os meios. É comum eles se alinharem aos seus outros inimigos e àqueles que não demonstram simpatia por você.

- Muito cuidado também com os fanáticos ou radicais. Se a sua visão não é a deles, eles irão persegui-lo.

- Observe bem os apáticos, aqueles que se recusam a participar. Eles "aparentemente" não querem competir com você, mas não lhe ouvem e não lhe dão atenção, espaço ou liberdade para você se posicionar. Por trás dessas figuras pode residir um sujeito tremendamente autoritário e irascível.

- Observe atentamente a si mesmo, pois, na maioria das vezes, você é o seu pior inimigo: excessivamente perfeccionista, dono e senhor da razão, intolerante com as decepções e fracassos, iludido a respeito da realidade que o cerca e ingênuo demais na imagem que projeta.

- Avalie o poder de fogo de seus inimigos. Siga a regra militar chinesa de combate que ensina: "Determine se o inimigo pode ser atacado com sucesso, determine se você pode travar a batalha, e apenas depois disso reúna suas tropas — então poderá você superar seu inimigo e voltar para casa."[4]

- E uma última lição: quando for demiti-los, seja generoso. Não cultive qualquer tipo de ódio. Faça como muitas organizações quando demitem seus altos executivos e que divulgam a seguinte mensagem: "Comunicamos que o executivo fulano de tal solicitou sua demissão para perseguir novos objetivos de vida e carreira." Acredito que você já deve ter lido esse tipo de comunicação em algum jornal ou revista de negócios. A partir do momento em que eles não fizerem mais parte da equipe, esqueça-os e siga em frente.

Capítulo 13

Busque um mentor para auxiliá-lo no seu desenvolvimento

"Se existe uma coisa que aprendi durante meus longos anos de experiência é que, se quiséssemos resolver corretamente os problemas do presente e fazer o esboço de um rumo seguro para o futuro, deveríamos estudar, pesar e entender as muitas lições das quais a História é o grande — certamente o único — mestre competente."[1]

Douglas MacArthur

A maioria dos homens aspira e luta para tornar o mundo um lugar melhor para viver e trabalhar, especialmente para nossos filhos e futuras gerações. Os desafios que enfrentamos para alcançar esse objetivo são cada dia mais difíceis de serem superados. A situação se torna ainda mais complexa quando temos pouca experiência de vida e não há ninguém ao nosso lado para pedir ajuda, um conselho, uma orientação. No âmbito profissional, é grande o número de pessoas que me questiona a importância de ter um mentor ao lado justamente para fazer o papel de conselheiro. As empresas melhor estruturadas adotam programas de *mentoring* em que colocam a disposição dos seus funcionários profissionais mais experientes para fazer as vezes de conselheiros. Mas eu tenho a sensação de que o assunto é tratado muitas vezes como um mero modismo corporativo e "vendido" ao pessoal como a solução para todos os problemas, um passe de mágica.

Minha primeira observação é a seguinte: não espere milagres desses programas. Mentoring não é uma técnica que, uma vez desenvolvida, solucionará todos os seus problemas pessoais ou de sua carreira. É sabido, como observou Margarida de Navarra (1492–1549), rainha e escritora francesa, em *Heptaméron*, que muitas vezes "os homens mascaram seu demônio com o anjo mais belo que conseguem encontrar".[2] Já S. Butler, poeta inglês, afirmou que "existem mais tolos do que espertos no mundo, caso contrário, os espertos não teriam o suficiente para viver"[3].

De um mentor você deve esperar mais do que boas intenções e teorias. É importante ressaltar, no entanto, que a figura do mentor ao longo da história da civilização humana não é nova. Vamos encontrá-la na Grécia como personagem da *Odisseia* de Homero. Mentor era um homem sábio e amigo de Ulisses, rei de Ítaca. Relata a mitologia que, quando Ulisses partiu para a guerra de Troia, confiou a ele os cuidados de seu filho Telêmaco. Como o rei estava demorando a retornar da guerra e Telêmaco via o patrimônio de seu pai ser dilapidado pelos pretendentes de sua mãe, decidiu sair à procura de notícias sobre seu pai. Contudo, como ele não poderia fazer a viagem sozinho, uma vez que era muito jovem, deixou-se acompanhar de Mentor, de quem recebeu apoio moral, inspiração e coragem para seguir em busca de seu grande objetivo — encontrar seu pai e trazê-lo de volta.

Há inúmeros outros exemplos da história: Sócrates foi mentor de Platão, ambos filósofos gregos; Aristóteles, foi mentor de Alexandre, o Grande, militar e imperador inigualável em seus feitos; Arquimedes foi mentor de Galileu, e este, por sua vez, de Ferdinando II, Grão-duque da Toscana, e de Evangelista Torricelli, inventor do barômetro. A lista não para por aí: Lorenzo de Médici, estadista florentino, foi mentor de Tolitan, poeta italiano; Brunetto Latini foi mentor de Dante Alighieri; Polybius, explorador romano, foi mentor de Scipio Aemilianus, general romano; Pompey, o Grande, foi mentor de Marcus Terentius Varro, intelectual romano; e Johann Von Staupitz foi mentor do reformador Martinho Lutero, um dos líderes da reforma protestante do século XVI.

Partha Bose, em seu notável livro *The Timeless Leadership Lessons of History's Greatest Empire Builder — Alexander The Great's*, diz: "Certamente um fator que fez de Alexandre alguém tão excepcional foi que seu pai havia ordenado, quando Alexandre era apenas um adolescente, que um sábio famoso viesse para a Macedônia para ser seu tutor. Sob a tutela de Aristóteles, Alexandre aprendeu a ser sensível em relação às pessoas e culturas de uma forma que nenhum outro governante antes dele havia sido e que poucos depois dele o foram. Ele sempre liderou no front, nunca exigindo de suas tropas algo que ele mesmo não quisesse fazer primeiro — o primeiro a entrar na batalha, sempre no meio da luta mais feroz, sempre pronto para resgatar um colega soldado, não importando sua patente."[4]

Quando converso com jovens sobre a importância da figura do mentor em suas vidas, geralmente ouço comentários como "os dias atuais são totalmente diferentes dos da civilização grega ou romana" ou "não vejo em minha organização profissionais que desejam tê-los como mentores" ou ainda "o programa de mentoring de minha empresa é superficial e não é conduzido com responsabilidade. É uma atividade apenas para inglês ver". Tais comentários são pertinentes e justos em muitos casos. Eu, pessoalmente, sou crítico severo de vários desses programas, pois eles se tornam mecânicos, frios, burocráticos e não tocam a alma dos indivíduos. Consequentemente, perdem a sua eficácia, vigor, beleza e o objetivo mais importante: tornar os profissionais melhores do que eles são.

Várias empresas costumam impor aos seus funcionários pessoas que elas consideram adequadas para serem mentoras. Em boa parte dos casos não existe nenhuma afinidade entre mentor e mentorado, o que é essencial para o sucesso do programa. Alguns dos chamados mentores não conseguem sequer educar os próprios filhos ou mesmo gerenciar sua carreira. Boa parte nunca leu um livro sobre planejamento da carreira ou cultivou o hábito da leitura, tem uma comunicação sofrível e a competência é duvidosa. Como alguém nessas condições pode tornar um jovem profissional melhor?

Uma das formas mais simples e eficientes de ter à disposição mentores altamente capacitados é buscá-los nos livros. Isso mesmo. Se você dedicar tempo ao estudo da vida dos grandes homens, nos mais variados campos do conhecimento humano, fatalmente descobrirá que todos eles tiveram grandes mentores em suas vidas. Daí a observação de Salomão: "Com os muitos mentores há bom êxito."[5]

Há inúmeros exemplos de empresários e executivos que devem o seu sucesso à escolha de bons mentores. O primeiro deles é James M. Kilts, ex-Chairman e CEO da Gillette Company. Ele disse: "Eu acredito que cada líder de sucesso tem um mentor, alguém com um relacionamento próximo e um impacto profundo no futuro da pessoa. Para mim, isso aconteceu relativamente cedo em minha carreira na General Foods. Eu tinha trinta e dois anos na época e meu superior era Bob Sansone, o então presidente da divisão de bebidas. Bob era um cara brilhante, mas durão, criado em Nova Iorque. Ele tinha diploma da escola da vida, além de uma excelente educação recebida na Universidade de Columbia, onde cursou faculdade e depois seu MBA. Ele tinha uma combinação de bom senso, leitura e uma dedicação séria na aplicação de conceitos de administração, fatores que o tornaram um líder excepcional. Ele era um cara completo. Muito do meu estilo de gerenciamento estratégico, objetivos anuais, prioridades trimestrais, relatórios e reuniões semanais se originou em Bob. Ele era a personificação da organização, mas muito mais que isso. Bob tinha uma autoconfiança que emanava de sua pessoa e contaminava a todos em seu grupo. Nunca houve uma dúvida na mente de Bob ou de qualquer um dizendo que ele não seria bem-sucedido. A questão era apenas quanto demoraria e quão além dos objetivos ele chegaria. [...] Mas, em minha opinião, o que o levou a concretizar essas promessas foi a fé absoluta que ele colocava nas pessoas. Assim que Bob conhecesse e confiasse em você, ele ficaria do seu lado, em qualquer circunstância. Ele ficaria junto a você se a situação assim o exigisse, mas lhe daria uma incrível autonomia para fazer as coisas do seu jeito, dentro dos objetivos e prioridades concordados. Trabalhar com o Bob foi receber uma oportunidade única para crescer como indivíduo e gerente."⁶

O segundo exemplo vem da história da gigante IBM — International Business Machines, mais precisamente da carreira bem-sucedida de Frank Cary, que iniciou suas atividades como representante de marketing e se tornou seu presidente. Eis o seu depoimento: "Trabalhei para dois excelentes profissionais. Um deles era um jovem de Los Angeles chamado Bud Kocher, um gerente assistente de filial. O outro era Bill McWhirter, gerente da filial em São Francisco, que muito auxiliou no desenvolvimento de minha carreira. Ele administrava seu escritório proporcionando um bom exemplo de todas as boas qualidades de um representante de vendas. [...] Esses dois homens para quem trabalhei no início de minha carreira foram muito importantes para o meu desenvolvimento e sucesso profissional. Eles me auxiliaram a posicionar-me na empresa e me indicaram como ser um bom profissional..."⁷

O terceiro exemplo foi colhido da vida de um dos mais ilustres empresários da América do Norte, Max De Pree. Em depoimento sobre o valor inexorável do mentor, ele escreveu: *"Ao longo de uma extensa carreira profissional, eu tive vários professores aos quais devo muito. Carl Frost, David Hubbard e Peter Drucker foram os três principais mentores de minha vida. Carl Frost foi um professor na Michigan State University e consultor da Herman Miller, Inc. por mais de quarenta e cinco anos. Durante a maior parte desse período, ele também foi meu mentor. O seu campo de atuação era Psicologia Industrial e ele foi um dos primeiros e mais importantes proponentes do gerenciamento participativo. Por trinta anos, David Hubbard foi presidente do Seminário teológico Fuller em Pasadena, Califórnia. Eu servi como membro do Conselho de Fuller pela maior parte da carreira de David. Uma das maiores contribuições para minha vida e para a vida de minha família foi a ajuda para aprender como integrar o trabalho e a fé. Peter Drucker foi consultor para a equipe de administração da Herman Miller por muitos anos. Durante esse período, nos tornamos amigos e ele se tornou meu mentor. Cada um deste três professores colocava, em palavras e em ações, forte ênfase na questão crítica do aprender como estabelecer e cultivar um bom relacionamento, uma das habilidades primárias de um líder efetivo. O processo de mentoring que recebi deles — eu poderia quase dizer ministério — em minha vida tem sido absolutamente crucial para meu desenvolvimento como líder e para a qualidade de vida de minha família."*[8]

Por fim, quero falar de minha experiência pessoal. Fui particularmente agraciado com inúmeros mentores ao longo de toda a minha vida e carreira, do berço aos dias atuais: meu pai, Francisco Brito de Macedo; minha professora do curso elementar, Maria Olympia Neves de Oliveira; meus professores do segundo grau, Augusto Carlos Garcia Pinheiros de Viveiros (Português); doutor Charles Findley Mathhews (Teologia); Adelaide Findley Matthews (Música e Ética); Lamona Martin (Inglês e Arte de estudar); Frona Mattox (Arqueologia e Psicologia); doutores Múrcio Ribeiro Dantas (História Geral do Direito); Edgar Barbosa (Direito Constitucional); Paulo Viveiros (Direito Romano); Robert Vannoy (professor de Hebraico); Alan Mac Cray (Alta Crítica) e Hardin (Homilética), entre tantos outros.

Todos esses meus mentores aqui citados fizeram — e ainda hoje fazem — uma tremenda diferença em minha vida. Aprendi também que, quando não consigo encontrá-los nos diferentes ambientes que frequento, posso buscá-los nos melhores livros, como nos clássicos da literatura, nas melhores biografias e nas autobiografias. Dessa e de tantas outras circunstâncias nasceu a minha paixão ardente pelos livros, especialmente a leitura de biografias.

Acredito que nenhum processo na história, como diz Thomas Mellon, "tenha feito mais para facilitar a troca de informações, habilidades, sabedoria e contatos que o mentoring. Jovens de ambos os sexos aprendiam seu trabalho estudando como aprendizes sob a tutela de um artesão. Jovens artistas desenvolviam seus estilos pessoais apenas depois de anos trabalhando com os velhos mestres. Novos sacerdotes aprendiam por uma década ou mais com antigos sacerdotes para obter sua própria sabedoria religiosa".[9]

Quando finalmente esses homens e mulheres embarcavam em suas próprias carreiras, já possuíam o conhecimento e os contatos para terem sucesso no campo escolhido. Quando estudamos as vidas daqueles que sabem mais que nós, expandimos nossos horizontes.

Como criança, eu percebi que muitas das oportunidades que outros meninos tinham e que os colocariam em contato com coisas e pessoas novas não estavam disponíveis para mim. Em consequência, tive que me apoiar em pessoas que estavam disponíveis: meus professores, minha mãe, Santina Borja de Macedo, e meu pai, Francisco Brito de Macedo. Meus pais me ensinaram a observar como as pessoas mais bem-sucedidas que conhecíamos falavam, trabalhavam e viviam. Meus pais me disseram que eu poderia aprender a viver minha vida observando os outros vivendo a deles. Meu pai, é claro, fez tudo o que pôde para me instruir e ensinar o que sabia. Mas ele queria que soubesse mais que aquilo, como a maioria dos pais. Ele queria que eu fosse mais do que ele tinha sido. Ele me deu a confiança que eu precisava para crescer sem orgulho ou insegurança e me ensinou, como já disse anteriormente, a procurar e a me acompanhar sempre de pessoas que fossem superiores a mim em algo.

Daí porque, quando nasci, ele me deu o nome de Gutemberg, que começa com "G" e que, segundo a maçonaria, significa Geometria, Geração, Gnosis e Gênio. Oh, meu pai, como o senhor foi pretensioso. De qualquer maneira, muito obrigado por me ensinar a valorizar os livros e os mentores.

A escolha de um mentor é uma das tarefas mais difíceis da vida e da carreira. Em primeiro lugar, porque não há muitos deles nas organizações e os poucos que existem são de uma exigência incomum. Eles nunca aceitam a mediocridade e esperam sempre que você deixe florescer o que há de melhor dentro de si — caráter, valores, conhecimentos, competências, senso de responsabilidade, talento e coragem para correr riscos, entre outros atributos. Em segundo lugar, o mentor também deve escolhê-lo, pois, se não quiser orientá-lo, seguramente não irá fazê-lo. Para isso ele levará em conta vários motivos: seu caráter, méritos pessoais, potencial, curiosidade e desejo de adquirir novos conhecimentos, valores individuais, autopercepção, propósito, nível de energia e de responsabilidade com a gestão da própria carreira, integridade intelectual e a forma de se conduzir nos negócios. Por fim, vai considerar o seu potencial para a grandeza de seu futuro — que legado deseja deixar ao final de sua vida.

Para escolher adequadamente um mentor, você deve seguir alguns princípios importantes:

- Selecione como mentor uma pessoa preparada em todo o seu universo: culta, sábia e de caráter ilibado. Lembre-se das palavras de advertência de Césare Cantú: "O ignorante não é apenas um lastro, mas um perigo da embarcação social."[10] Ou de U. Ojetti, escritor italiano: "Cuidado para não chamar de inteligentes apenas aqueles que pensam como você."[11]

- Escolha como mentor um profissional que mantenha uma atitude crítica a respeito de tudo, inclusive sobre ele mesmo. Não posso conceber uma relação entre mentor e mentorando em que o primeiro apenas tolere a crítica, sem incentivá-la ativamente. Portanto, cuidado com os especialistas, porque eles deixam de enxergar o todo dos negócios e do mundo. A especialização pode ser uma grande tentação, mas, para o jovem que quer empreender uma carreira de sucesso, é um pecado mortal. Não tenha medo da crítica, pois, se temê-la, jamais aprenderá e crescerá. "A crítica é como champanhe, nada mais execrável quando é ruim, nada mais excelente quando é boa"[12], disse C. Colton (1780-1832), prelado e escritor inglês.

- Escolha como mentor um profissional exigente e que demande de você a excelência em tudo o que você diz ou faz. Quanto mais exigente ele for, melhor para a sua carreira e para o seu futuro. Portanto, tenha muito cuidado com profissionais medrosos, despreparados, inseguros, sem cor ou cheiro, complacentes e mentalmente preguiçosos. Eles têm um tremendo poder destruidor e são verdadeiras bombas atômicas organizacionais. São eles também os corresponsáveis pelos milhares de profissionais que falharam ou naufragaram em suas carreiras.

- Escolha como mentor uma pessoa que, ao estar distante, você tem a sensação de que existe um grande vazio. O seu exemplo o atrai como um imã, o seu conhecimento o enriquece, a sua experiência o encanta e a sua presença o dignifica. Gosto muito da expressão do filósofo Aristóteles que diz: "Quem se dispõe a tornar-se um bom chefe, deve primeiro ter servido a um chefe."[13]

- Escolha como mentor uma pessoa em quem possa confiar. O fato de você ter um superior imediato preparado e bem posicionado dentro ou fora da hierarquia corporativa não significa que ele é o melhor mentor para você. Lembre-se das palavras de Leonardo Da Vinci, artista e cientista italiano: "Quem ensina alegando autoridade não usa a inteligência, mas a memória."[14] Ou ainda da observação de M. de Montaigne, escritor francês: "Mesmo no trono mais alto do mundo, o único lugar onde se senta é sobre o próprio traseiro."[15]

Agora que você já tem alguns parâmetros para ajudá-lo na escolha de seu mentor, considero importante orientá-lo também em relação ao seu aprendizado. Procure seguir as seguintes orientações:

- Mantenha a sua mente sempre aberta para ouvir sugestões, críticas e feedbacks de seu mentor. Quanto mais aberta a mantiver, melhor para você e para a sua carreira. Ninguém é capaz de aprender quando pensa que sabe tudo. Devemos estar sempre prontos para alterar nossas visões das coisas a qualquer momento, a descartar preconceitos e a viver com a mente aberta e receptiva. Como observou Henry George, "o marinheiro que enfuna sempre as mesmas velas, sem fazer mudanças quando o vento muda, jamais chegará ao porto ao qual se destinou quando começou a sua viagem".
- Se possível, tenha vários mentores. Essa diversidade enriquecerá tremendamente a sua vida de múltiplos conhecimentos, experiências e visões sobre os negócios e o mundo. Sei disso por experiência própria. Conversar com diferentes mentores me dá grande força interior. Encoraja-me a ampliar cada vez mais minha visão sobre o mundo. Torna-me mais crítico e mais curioso sobre diferentes saberes. Protege-me contra as ciladas dos enganadores. Sinto que cresço moral e espiritualmente. Afinal, o que poderia ser mais precioso do que discutir, conversar e refletir sobre as orientações de pessoas sábias?

- Defina com objetividade e clareza o que espera aprender com o seu mentor. Caso contrário, lucrará muito pouco. Ninguém empreende a construção de um edifício sem antes planejá-lo de maneira minuciosa. Cada detalhe é importante. Não é diferente quando você decide que é chegada a hora de formar um grupo de mentores com os quais discutirá sobre os mais variados assuntos, como planejamento de sua carreira, necessidades de treinamento e desenvolvimento, poder e política nas organizações, carreira internacional, finanças pessoais, marketing pessoal e construção de uma marca pessoal, comunicação oral e escrita e relacionamento interpessoal com subordinados, pares, superiores, clientes, credores, fornecedores, imprensa e a comunidade na qual está inserida.

- Avalie em profundidade a vida, a carreira e a conduta da pessoa que deseja adotar como mentor. Por outro lado, nunca se deixe impressionar pela primeira conversa que tiver com ele ou com a sua cortesia. Sugiro que converse com ele várias vezes antes de adotá-lo definitivamente como mentor. Baltasar Gracián, um de meus mentores, adverte: "Não se impressione com muita cortesia. Ela é uma forma de logro. Quem a usa não presta homenagem à pessoa, mas à posição e à lisonja; não às qualidades que reconhece, mas às vantagens que espera obter."[16]

- Procure se fazer os seguintes questionamentos antes de escolher um mentor:
  - Por quais motivos eu desejo adotar essa pessoa como mentor?
  - Quais são as evidências de que ele poderá contribuir para o meu crescimento pessoal, profissional e familiar?
  - Qual é a imagem e o nível de reputação desse profissional em seu campo de atividade?
  - Qual é a sua filosofia de vida e que princípios éticos norteiam a sua vida pessoal e profissional?
  - Qual é a sua filosofia de gestão?
  - Quem mais o adotou como mentor?

- Em quem ele se espelha e quais são os seus mentores?
- O que esses mentores têm a dizer sobre seu trabalho, conduta, ética, filosofia de vida, comprometimento com o seu desenvolvimento, disponibilidade, agenda, empatia, nível de confidencialidade e confiança?
- Que evidência essa pessoa dá de que ela continua estudando, pesquisando, expandindo sua mente e se transformando a cada dia?
- Como ele desenvolve e lidera seus subordinados?
- Quais desses subordinados se tornaram melhores do que ele?
- Qual é o seu nível de comunicação? Ele fala mais ou ouve mais?
- Quais foram os problemas mais complexos que ele solucionou ao longo de sua carreira e como os resolveu?

Meu caro leitor, a carreira é muito curta para você empreendê-la somente com as suas próprias armas. Eu diria que é praticamente impossível fazê-lo sozinho e ser bem-sucedido. É necessário que você se cerque dos melhores talentos para traçá-la e desenvolvê-la com sabedoria. Portanto, aprenda a se beneficiar de todas aquelas pessoas que encontrar ao longo de sua jornada profissional. Há uma expressão extraída do Livro dos Pensamentos Divinos que gosto muito: "Todo mundo tem a sua carga. Ninguém pode viver sem o apoio dos outros; portanto, temos de apoiar uns aos outros com consolo, conselhos e advertências mútuas."[17]

Capítulo 14

Fuja da ganância

"A ganância é uma cova sem fundo, que esvazia a pessoa em um esforço infinito para satisfazer a necessidade sem nunca alcançar satisfação."[1]

Erich Fromm

O mundo vive um momento de profundo declínio moral, intelectual, econômico, financeiro e espiritual. Há uma grave crise de liderança em todos os setores da sociedade, sem falar no avanço insano e mortífero do individualismo exacerbado, a crescente onda de criminalidade, o aumento da pobreza entre os cidadãos, o desemprego crescente e a avalanche de crimes financeiros que abalaram não apenas as empresas, mas o sistema financeiro mundial. O Brasil, obviamente, não está imune a tudo isso. Por aqui ainda enfrentamos problemas crônicos como a falta de civilidade das pessoas, a desvalorização e o descaso com a educação, o alto índice de desigualdade e a impunidade que predomina no país. Os casos de pedofilia e prostituição infantil aumentam diariamente. E a corrupção se expande e contamina as instituições.

Hoje, por mais incrível que possa parecer, os homens bons desta nação estão começando a ficar desanimados dessa luta ingrata contra tudo aquilo que há de podre na sociedade. Eles, que lutaram pela preservação de valores como caráter, verdade, justiça, moralidade, integridade e trabalho duro, agora se sentem impotentes. Muitos estão se questionando se vale a pena ser honesto e ensinar a seus filhos princípios éticos. Estamos invertendo a ordem moral, jurídica e de civilidade do país. Enquanto uma mulher que é pega roubando um sabonete em um supermercado é presa e condenada a permanecer por anos na cadeia, aquele que rouba milhões do tesouro nacional é feito ministro, presidente do congresso nacional ou governador de estado.

É claro que o país não passa por tudo isso impunemente. Seus cidadãos e instituições pagam um preço alto. As principais consequências estão estampadas nas páginas dos jornais diariamente:

- O Brasil é a terceira nação mais desigual do planeta. E apesar do aumento dos gastos sociais nos últimos dez anos, apresenta uma baixa mobilidade social e educacional entre as gerações. Os dados são de um relatório da ONU.
- O país ocupa a 75º posição no Índice de Desenvolvimento Humano, segundo Relatório de Desenvolvimento Humano de 2009 do Programa das Nações Unidas.
- O Brasil ocupa ainda o 75º lugar no ranking de percepção de corrupção da ONG Transparência Internacional e divide esse "troféu" com Colômbia, Peru e Suriname.
- O país ocupa a 57º posição como um dos países mais difíceis para estrangeiros abrirem subsidiárias — são necessários 166 dias para iniciar operações, três vezes a média global, segundo estudo do Banco Mundial.
- O Brasil é um dos países onde a pirataria mais se faz presente.
- Somente 29% das bibliotecas públicas têm internet.

Educadores, pais e mentores, entre outras pessoas preocupadas com a formação dos jovens, se sentem perdidos sobre como agir para não conduzi-los a um caminho que pode comprometer o seu futuro. Como o jovem em início de carreira deve fazer para não ser contaminado por tudo o que aí está, principalmente no ambiente corporativo?

Não é uma questão fácil de ser respondida. Contudo, acredito que o mais importante é ter consciência de que não se pode ser aleatoriamente seletivo ao escolher a atitude correta. Não se pode agir no exercício de uma atividade profissional de modo diferente de como se age na vida familiar ou na sociedade. Não se pode ser um ladrão de noite e não sê-lo durante o expediente de trabalho. Não se pode ser um mentiroso nos círculos sociais sem sê-lo em uma sala de reuniões. Todas as ações, em todas as situações, devem ser consideradas corretas e sadias.

O fato inexorável é que não existe a figura do profissional meio honesto e meio desonesto. Ele é uma coisa ou outra. Não há meio-termo ou caminho alternativo. Se o funcionário aumentou suas despesas de viagem em apenas cem reais em seu último relatório de despesas, ele pode ser considerado tão desonesto quanto aquele que se beneficiou de contratos com a empresa que reformava seus escritórios para desviar milhares de reais para o seu próprio bolso. A diferença está apenas na quantia. O ato condenável é o mesmo. Há cerca de dois anos, eu me deparei com as palavras do ex-CEO da Infosys, Narayana Murthy, que deveriam se tornar uma espécie de mantra dentro das organizações: *"Os líderes com princípios têm menos chances de sentir-se intimidados ou manipulados porque conseguem traçar linhas nítidas na areia... O travesseiro mais macio é a consciência limpa."*[2]

A esse pensamento simples, direto e impecável, eu gostaria de acrescentar seis recomendações, ou seis atitudes, que o ajudarão a se manter sempre no caminho da ética e do comportamento ilibado. Tenho certeza de que são vitais não só para o sucesso de sua carreira, mas principalmente para o fortalecimento do seu caráter:

1. **Aprenda a dizer com todas as letras: "basta!"**

    Dizer "basta" não significa que você tenha de abrir mão de seus sonhos, da ambição, da vontade de crescer, de brilhar em sua carreira e de fazer fortuna. Você deve perseguir a fortuna sim, mas não pode medir o valor de sua vida de acordo com a quantidade de bens que foi capaz de conquistar ou de sua bilionária conta bancária. Pois se vier a perdê-los no futuro, quem será você?

É bom ter em mente que poder e dinheiro podem ter o mesmo efeito das drogas. Exigem sempre doses maiores e mais fortes para que você se sinta satisfeito. Procure sempre ter o domínio sobre eles e nunca permita que o dinheiro e o poder se tornem a sua única razão de viver. É importante ter um propósito superior para a sua vida. Se ainda não o descobriu, procure se esforçar para encontrá-lo o mais rápido possível. Isso fará uma tremenda diferença ao longo de toda a sua vida e carreira.

John C. Bogle, fundador e ex-CEO do Vanguard Mutual Fund Group, em seu trabalho *Enough. True Measures of Money, Business, and Life*, relata um episódio que enriquece minha recomendação. Segundo ele, em uma festa promovida em Shelter Island por um bilionário do mercado financeiro, um de seus convidados, Kurt Vonnegut, informou ao seu colega, Joseph Heller, novelista famoso, que o seu anfitrião, um hedge fund manager, ganharia mais dinheiro em um único dia do que Heller com a sua popular novela Catch 22 em toda a sua história. Ao que Heller respondeu: "Sim, mas eu tenho algo que ele nunca terá... o suficiente. Não saber o que é o suficiente subverte nossos valores profissionais. Transforma em vendedores aqueles que deveriam ser guardiões dos investimentos a eles confiados. Transforma um sistema que deveria ser baseado na confiança em outro cuja base é a contagem de dinheiro. Pior ainda, essa confusão sobre o que é o suficiente traz confusão em nossas vidas como um todo. Nós corremos atrás do brilho falso do sucesso, frequentemente nos ajoelhamos no altar do transitório e finalmente do que não faz sentido e não conseguimos apreciar o que está além do cálculo, o que é eterno."[3]

2. **Viva sempre abaixo de suas posses.**

Ao longo de minha carreira como consultor, encontrei muitos profissionais que tinham um padrão de vida superior aos seus ganhos anuais. Eles usavam roupas de grife, dirigiam carros importados, residiam em apartamentos luxuosos, viajavam ao exterior com frequência, iam a restaurantes da moda e promoviam jantares especiais para os amigos. Mas, em um determinado, dia tudo desmoronou como se fosse um castelo construído sobre a areia movediça. Eles, inesperadamente, perderam o emprego e entraram em desgraça. Não tinham reserva financeira e nem de onde tirar dinheiro para continuarem passando por pessoas ricas e bem-sucedidas. Deixaram de pagar o condomínio, o colégio dos filhos, o seguro, a prestação do automóvel e as contas de telefone, luz e gás.

Eu me recordo também de um superintendente industrial de uma conhecida empresa europeia que foi demitido e se endividou. Perdeu tudo e veio conversar comigo para um processo de transição de carreira. Depois de conseguir se recolocar no mercado, retomou o estilo de vida anterior que o havia arruinado financeiramente. Recentemente ele retornou ao meu escritório. Confesso que fiquei chocado com o que vi. Contou que estava morando no interior da Bahia e sobrevivia graças à uma aposentadoria de R$1.300,00. Não tinha casa própria, carro, seguro de vida, plano de saúde ou poupança. Sua segunda mulher, vendo que a fonte tinha secado completamente, o abandonou. Mais velho, abatido e decepcionado com a própria vida, ele tentava voltar ao mercado de trabalho. Ele tem consciência, no entanto, que suas chances de sucesso são pequenas, pois seu nome está sujo no universo corporativo.

Portanto, seja prudente. Viva, de preferência, abaixo de suas posses. Se assim o fizer, terá uma reserva financeira para os anos de vacas magras e não correrá o risco de ver todo o seu mundo desabar. Construa sua vida pessoal e a carreira sobre rocha firme. O jovem que é inteligente, focado, preparado, disciplinado e determinado pode fazer uma grande fortuna no Brasil ainda hoje.

Aproveito para citar as palavras do Reverendo Conwell quando, em belíssimo sermão, pregou: "No momento em que um jovem ou uma jovem dispõe de mais dinheiro do que aquele que, por experiência prática, ele ou ela estavam acostumados a ter, naquele momento ele ou ela foram atingidos por uma praga. De nada ajuda a um jovem ou a uma jovem herdar dinheiro. Porém, se vocês lhes deixam educação, se vocês lhes deixam um caráter cristão e nobre, se vocês os deixam com um vasto círculo de amigos, se vocês os deixam com um nome honrado, isso é muito melhor do que se eles tivessem dinheiro. Seria pior para eles, seria pior para a nação do que se eles não tivessem dinheiro nenhum. Meu jovem, se você herdou dinheiro, não olhe como uma ajuda; o dinheiro vai lhe ser uma praga através dos anos e vai privá-lo das melhores coisas da vida humana. Não há classe de pessoas das quais se deva ter mais piedade do que os inexperientes filhos e filhas dos ricos de nossa geração."[4]

3. **Poupe para os dias da adversidade.**

A poupança é um hábito de valor inigualável ao longo de todo o curso de sua vida. Infelizmente, quando ainda estamos no vigor da juventude e olhamos para o futuro, não sentimos a necessidade de empreendê-la. Consequentemente, adiamos a sua prática e no futuro sofremos graves consequências. O melhor momento para começar a poupar ou investir é quando você é jovem.

Quando converso com os filhos de alguns de meus clientes, costumo citar pérolas da sabedoria popular para ganhar deles certa simpatia e também transmitir uma mensagem positiva em relação à importância de poupar. Entre essas pérolas estão as seguintes: "Cuide de seus centavos e os milhões cuidarão deles próprios"[5]; "Reserve de 10% a 30% de seu salário já a partir do seu primeiro dia de trabalho"; "A melhor hora para começar a poupar é quando você não tem muitas obrigações financeiras — filhos para educar, casa para manter, etc."; "Quanto menores forem os gastos em relação às suas receitas, muito antes você ficará rico"; "É muito mais fácil você gastar dinheiro do que ganhá-lo." Por fim, cito o conselho de Salomão: "Vai ter com a formiga, considera os seus caminhos e sê sábio. Não tendo ela chefe, nem oficial, nem comandante, no estio prepara o seu pão, na sega ajunta o seu mantimento."[6]

A disciplina da poupança mensal se justifica por várias razões:
- Ela o protege na hora da adversidade — o desemprego, a doença, a morte ou qualquer outro evento desagradável que a vida lhe imponha.

- Ela o torna seguro. Você não se deixa curvar diante da injustiça e do bullying corporativo. Tenho encontrado muitos profissionais que, em função de seus compromissos financeiros, se deixam ser humilhados por chefes incompetentes e mal-educados.
- Ela o capacita a investir seus recursos de tal maneira que se sinta confortável quando olha para futuro — a pós-aposentadoria.
- Ela é a ponte que possibilitará a você fazer a travessia da pobreza para a riqueza.

4. **Nunca confunda os recursos financeiros de sua empresa com os seus próprios.**

Há seis anos aproximadamente, conduzi um processo de transição de carreira de um profissional vindo de uma grande empresa multinacional. Jovem preparado, bem formado, ambicioso, dinâmico, tinha uma invejável exposição internacional e reunia todas as qualificações para se tornar um grande executivo. Depois de passar por inúmeros processos seletivos, inclusive nos Estados Unidos, foi contratado para assumir uma posição gerencial sênior na empresa — gerência geral — de uma subsidiária de uma empresa norte-americana em fase de instalação no Brasil.

A empresa lhe ofereceu um pacote de remuneração muito acima de suas expectativas — salário mensal de R$35 mil por mês, bônus anual equivalente a seis salários, carro no valor de R$240 mil, seguro de vida extensivo à sua família, plano médico de primeira linha e plano de pensão, entre outros benefícios. Tudo parecia perfeito. Ele desfrutava da confiança dos acionistas norte-americanos e, principalmente, de seu superior imediato. Os resultados trimestrais surgiam cada vez mais vigorosos e isso só fazia aumentar o seu prestígio na matriz.

Inesperadamente, a subsidiária que ele gerenciava foi submetida a três auditorias inesperadas e sucessivas. A primeira levantou suspeita sobre irregularidades contábeis; a segunda, sobre despesas por ele feitas e conduta antiética na condução dos negócios; e a terceira, a mais demolidora — composta por advogados, gestores da matriz e auditores — o convocou para uma reunião. Logo, os representantes da empresa começaram a colocar as informações sobre a mesa. Estupefato, ele pediu para pensar sobre as pesadas acusações que lhe haviam feito, mas não teve tempo. Um dos presentes disse: "O senhor está demitido por justa causa. Traiu a nossa confiança e de nossa organização." E deu por encerrada a reunião. Mas antes que o jovem saísse do escritório, teve de deixar o carro, o celular, o laptop e o cartão de crédito corporativo, entre outros bens da empresa.

Dois dias após a demissão, ele me ligou para relatar o ocorrido, pois se sentia traído por dois subordinados que o haviam denunciado e munido a matriz com as informações que geraram as auditorias. Sentia-se também injustiçado pela maneira como fora demitido, envergonhado por ter de falar a verdade para a sua família e triste com tudo o que tinha acontecido. Ele estava decepcionado consigo mesmo. Perguntei quais eram as principais acusações feitas pela empresa. Ele fez um relato devastador: "A empresa disse que eu me vali de empregados para fazer trabalhos em minha casa, que eu estava pagando o condomínio de minha residência com recursos da empresa, que eu havia aumentado o meu salário sem consultar a matriz e que estava usando recursos financeiros da organização indevidamente em viagens particulares, jantares, festas, etc." Não havia o que dizer. O fato estava consumado. E a carreira dele, destruída. O homem que vai para casa com a marca na consciência de que usou indevidamente os recursos de sua organização em benefício próprio nunca mais terá uma noite de repouso em sua vida. Ele se levantará todos os dias pela manhã e a sua consciência o acusará permanentemente. Daí a observação de Salomão: "A memória do homem reto é abençoada, mas o nome dos desonestos cai em podridão."[7]

5. Ocupe o seu espaço com honradez e altivez.

Para muitos jovens, as portas do mercado de trabalho parecem estar fechadas. Por mais que se esforcem, milhares deles não conseguem emprego. Essa é uma realidade no mundo inteiro. A causa principal dessa tragédia reside no fato de boa parte desses jovens não ter sido preparada adequadamente para o mercado de trabalho. Eles falam e escrevem mal, não sabem se comportar em ambientes públicos, se expõem na internet sem qualquer pudor e não cultivam o hábito da leitura, entre tantas outras questões. Diante dessa realidade, muitos jovens apelam para o caminho aparentemente mais fácil e mais confortável: o autoengano. Isso mesmo. Para justificarem suas más práticas quando pegos em flagrante, alardeiam sem um pingo de vergonha que todo estudante cola em seu colégio ou faculdade, que todo mundo "mente", que é necessário enganar, manipular e passar os colegas para trás para poder se viabilizar profissionalmente e se manter competitivo no mercado de trabalho. Esses são poderosos chamarizes, mas um tremendo engano. O profissional que pensa dessa maneira não chegará a lugar algum. Cedo ou tarde, ele será pego em flagrante e considerado uma fraude.

Adote como exemplo de conduta aqueles homens e mulheres que se tornaram estrelas reluzentes no mundo dos negócios e foram capazes de manter a integridade e a reputação. O importante mesmo é você chegar rodeado e aplaudido pelos seus melhores e verdadeiros amigos.

Todo profissional honesto pode vencer na vida e obter sucesso na carreira profissional sem que necessite usar de expedientes obscuros e fraudulentos. Quero lembrá-lo das palavras do Dalai Lama, líder budista: "A acumulação de riquezas como objetivo em si mesmo é reprovável. Só ao ver o seu próprio trabalho como um chamado, um meio de servir a um fim mais elevado, a pessoa poderá chegar à realização plena."[8]

Capítulo 15

Leia cada dia mais

"Meus filhos terão computadores, sim, mas antes terão livros. Sem livros, sem leitura, os nossos filhos serão incapazes de escrever — inclusive a sua própria história."[1]

Bill Gates
Empresário norte-americano

Sempre que percorro os corredores de boas livrarias tenho a sensação de ver os autores emergirem das páginas dos livros como se tivessem sido acordados pelos meus passos. Então, ocorre o inusitado: eles me cumprimentam, começam a conversar comigo sobre o universo do conhecimento que desejam partilhar e me transmitem toda a sua sabedoria. Essas visitas às livrarias me fazem compreender as palavras de A. G. Sertillanges: "O contato com escritores geniais nos faz granjear vantagens imediatas de elevar-nos a um plano mais alto; somente pela sua superioridade eles conferem um benefício sobre nós mesmos antes que nos ensinem alguma coisa. Eles dão o tom para nós; eles nos familiarizam ao ar rarefeito dos cumes das montanhas. Estamos nos movendo nas regiões mais baixas; eles nos trazem de um só golpe para sua atmosfera. Neste mundo de pensamentos elevados, o rosto da verdade parece estar desvelado; a beleza resplandece; o fato de que seguimos e entendemos estes profetas nos faz refletir que somos, afinal de contas, da mesma raça, que a alma universal está em nós, a Alma das almas, o Espírito a quem devemos somente nos adaptar a fim de romper na fala divina, uma vez que na fonte de toda inspiração, sempre profética, há Deus, o primeiro e supremo autor de todos os escritos."[2]

Como sou um leitor voraz, os jovens que conheço costumam demonstrar um interesse particular sobre meus hábitos e gostos de leitura. Nessas horas ouço perguntas do tipo: "Que livros você está lendo?"; "Quais livros recomenda?"; "Quais livros são indispensáveis na biblioteca particular de um profissional?"; "Qual importância a leitura de bons livros desempenha na construção de uma carreira de sucesso?" e "Como cultivar o hábito da leitura quando tudo ao redor de um profissional o distancia dos livros — a televisão, a longa jornada de trabalho que o deixa cansado, a falta de incentivo à leitura no ambiente de trabalho — e a maioria das empresas não tem uma boa biblioteca?".

Meu caro jovem, eu costumo ler durante várias horas todos os dias — de domingo a domingo. Não saberia passar um dia de minha vida sem ter um bom livro para ler. E tenho para isso excelentes motivos. Em primeiro lugar, esse é um hábito que cultivo desde criança. Meus pais me obrigavam a ler e estudar todos os dias. Depois desse período, ele nos reunia ao redor da mesa de jantar e nos sabatinava. Esses momentos eram conhecidos no meu lar como "a hora do ponto" — e eram sagrados. Eu e meus irmãos tínhamos de demonstrar que verdadeiramente havíamos estudado e sabíamos dizer com nossas próprias palavras tudo o que líamos. E pobre do filho que não tivesse se preparado — a palmatória estava à sua espreita. Ainda hoje escuto a voz do seu pai martelando nos meus ouvidos: "O homem que não lê não tem nenhuma vantagem sobre aquele que não sabe ler"; "Cuidado com o homem de um livro só"; "A leitura faz do homem um ser completo"; "A ignorância é atrevida"; "Procure aprender com todos os sábios"; "Infeliz é aquele aluno que não supera o seu professor", entre tantos outros aforismos.

Conversar com nossos mentores intelectuais ou ler suas obras significa ampliar exponencialmente os nossos conhecimentos sobre os diversos saberes. Lembro-me que nos meus dias de estudante de teologia nos Estados Unidos ouvi uma conferência pronunciada pelo reverendo doutor Martyn Lloyd-Jones no Westminster Theological Seminary, na qual ele dizia: "Ninguém pode ser exímio em tudo; mas um homem pode procurar conservar-se a par e à testa de tudo, do melhor modo possível. Assim, pois, cumpre-lhe ler sobre essas questões, para que se mantenha informado sobre o que acontece. Até aqui venho pensando em livros — o hábito da leitura."[3] E qual seria a natureza dessa leitura? Os mais variados: história geral e da Igreja, psicologia, ciência em todos os seus campos — física, química, biologia, matemática, astronomia, anatomia —, apologética, biografias, filosofia, ética, antropologia, teologia — soteriologia, pneumatologia, angeologia, etc. E, em outro trecho de sua conferência, Lloyd-Jones disse: "Todas essas questões precisam ser consideradas. Quanto mais você ler sobre esses assuntos, melhor equipado ficará. Tudo isso, lembre-se, cabe dentro do tema de seu preparo pessoal."[4]

Estudar permanentemente e me atualizar por meio de boas leituras é também a forma que encontrei para demonstrar respeito e consideração aos meus clientes. "Não quero ser um consultor de carreira de uma nota só." Quero ser diferente e fazer diferença na vida de todas aquelas pessoas que me procuram em busca de aconselhamento. E essa diferença se dá por meio de meu incentivo à leitura, ao estudo contínuo e ao aperfeiçoamento permanente. Não saberia ser de outra maneira.

Infelizmente, reconheço que muitos profissionais preferem a mediocridade à sabedoria, o jogo de futebol ou a novela à arte, à pesquisa e à leitura, as trevas da ignorância à luminosidade libertária do saber, a superficialidade de determinados autores que alimentam a sua cegueira às profundezas dos gênios que despedaçam os cérebros, fazendo-os questionar a tudo, inclusive a si mesmos.

Diante da grande oferta de livros, sempre surgem dúvidas em relação a qual título ou qual autor escolher. Uma vez feita a escolha, é preciso definir como ler a obra, como estudá-la, como memorizar os seus conhecimentos. Os meus conselhos são simples:

- Seja seletivo em sua leitura. Um livro que não merece ser lido pela segunda vez também não merece ser lido na primeira.
- Leia pelo menos vinte páginas por dia. No final do ano, você terá lido trinta e seis livros de cerca de 200 páginas cada. A média de leitura do brasileiro é de apenas dois livros por ano. Perdemos nesse quesito para países como Argentina, Chile, Alemanha, Japão e Estados Unidos.
- Leia um livro de cada vez. Faça anotações. Sublinhe as partes mais importantes com lápis colorido. Compare, critique e discuta com um amigo sobre o que você leu. Se puder, ensine e escreva sobre o que você leu. Hipócrates, ao introduzir elementos do método científico no diagnóstico da doença, recomendou com insistência a observação cuidadosa e meticulosa de todas as coisas: "Não deixem nada ao acaso. Não percam nenhum detalhe. Combinem as observações contraditórias. Não tenham pressa."[5] Essas recomendações ainda hoje continuam válidas.
- Desconfie dos best-sellers e dos livros de sucesso. Reflita sobre a observação feita pelo bibliófilo e bem-sucedido empresário José Mindlin (1914–2009): "Desconfio dos livros de sucesso, e desses, em geral, só vou ler os que tiveram um tempo de decantação."[6]
- Certifique-se em que categoria os autores de seus livros prediletos estão inseridos. Essa distinção pode ser feita por meio da leitura de críticas, resenhas e comentários acerca das obras e seus autores, inclusive na internet. Eles podem ser classificados em três categorias distintas, segundo o filósofo alemão, Arthur Schopenhauer (1788–1860): "Em primeiro lugar, os que escrevem sem pensar. Escrevem partindo da memória, de reminiscências ou até diretamente de livros alheios. Essa classe é a mais numerosa. Em segundo lugar, os que pensam enquanto escrevem. Pensam, a fim de escrever. São muito frequentes. Em terceiro lugar, os que pensam antes de se porem a escrever. Escrevem simplesmente porque pensaram. Esses são raros."

- Escolha um local em sua residência ou em seu escritório onde você possa fazer a leitura sem interrupções e não ser incomodado por barulho de qualquer natureza. Isso lhe ajudará a se concentrar somente na leitura. Se desejar, escute músicas clássicas enquanto você lê. Esse é o meu ritual particular.
- Leia e avalie a bibliografia apresentada pelo autor. Quais fontes foram consultadas por ele? Os autores que constam a lista são reconhecidos pelo seu peso intelectual — "scholarship level" — ou são autores de livros "água com açúcar"?

Como leio muito, e de forma compulsiva, as pessoas me perguntam com frequência quais livros não podem faltar em uma biblioteca pessoal. A minha, por exemplo, é composta por sete mil exemplares. É sempre um risco responder a essa pergunta, pois certamente quem faz a sua lista acaba deixando ou se esquecendo de grandes obras. É praticamente impossível não cometer injustiças. De qualquer forma, eu me arrisco a enumerar algumas obras que considero imprescindíveis nos mais variados segmentos, o que não significa que não existam dezenas, centenas ou milhares de outras que também mereçam a sua leitura e reflexão.

Como disse, há uma infinidade de outros livros que merecem estar nesta lista. Faça também a sua. Espero que a minha ajude você a ter um bom início no seu processo de criação do hábito de leitura.

A leitura de bons livros é vital não apenas para a construção de uma carreira de sucesso, mas também para o progresso de qualquer nação. Não sei até que ponto a ignorância literária ou científica contribui para o declínio e morte de uma carreira ou de uma sociedade, mas sei que as consequências da falta de cultura são por demais perigosas na atual "Era do Conhecimento" e do "Knowledge Worker", para usar uma expressão criada pelo renomado consultor Peter Drucker.

É perigoso e temerário um profissional desejar empreender uma carreira com os conhecimentos que adquiriu apenas em uma universidade, seja no nível de graduação, pós-graduação ou MBA. É preciso muito mais. Afinal, a conquista de um trabalho e o seu avanço profissional serão determinados pelo seu menor ou maior grau de conhecimento e cultura em sociedade global. O mundo do futuro, que já começou, pertence aos profissionais preparados e cultos. Os medíocres serão destituídos de seus postos e, fatalmente, passarão a peregrinar pelos grandes centros urbanos dizendo que o mundo não lhes deu uma oportunidade.

É perigoso ainda que o conhecimento de um profissional se restrinja apenas a sua área de trabalho, quando todos os dias somos assolados por inúmeros outros assuntos que demandam de nós uma variedade de conhecimentos como o aquecimento global, a governança e a sustentabilidade corporativas, a ética empresarial, a chuva ácida e a poluição, o avanço do governo sobre as nossas vidas, a escalada das drogas em nossa sociedade, o desmatamento tropical, o surgimento de novas tecnologias em todos os campos do saber humano, as crises financeiras que ameaçam as grandes potências mundiais, a globalização da economia e o avanço rápido de novas seitas religiosas que utilizam as mais modernas tecnologias da comunicação para enganar as multidões prometendo a riqueza rápida e fácil, mas que na verdade as arrastam para a Idade Média com as suas crendices e superstições. Você está preparado para debater e se posicionar diante de tantos temas e questões? Se sua resposta for "sim", meu conselho é o seguinte: continue se dedicando avidamente à leitura. Se a sua resposta for não, a saída é uma só: *"Comece a ler imediatamente de forma frequente, sistemática e metódica para vencer o atraso e se colocar na posição de vanguarda."*

Caro leitor, quero chamar a sua atenção para alguns bons exemplos de profissionais que construíram uma carreira de sucesso nas mais variadas áreas por meio dos livros:

- **No campo empresarial:** Bill Gates (Microsoft), Olavo Setúbal (Banco Itaú), Jeffrey Immelt (General Electric), Thomas Mellon (Mellon Bank), José Mindlin (ex-Metal Leve), Pinheiro Neto (fundador do maior e mais respeitado escritório de advocacia do país), David F. D'Alessandro (ex-CEO da John Hancoch Financial Services)e Robert Wood Johnson (fundador da Johnson & Johnson).

- **No campo político:** Bill Clinton, Harry Truman e Thomas Jefferson (ex-presidentes dos Estados Unidos), Benjamin Franklin (diplomata e empresário bem-sucedido), Winston Churchill (ex-primeiro ministro da Inglaterra), Fernando Henrique Cardoso (ex-presidente do Brasil), Rui Barbosa (o nosso Águia de Haia), Joaquim Nabuco (o Estadista do Império) e Charles-Maurice de Talleyrand-Périgord (estadista francês).
- **No campo Militar:** Napoleão Bonaparte (militar e estadista francês), Douglas MacArthur (responsável pela construção do Japão e um dos generais mais admirados da vida norte-americana) e Jarbas Passarinho (coronel do exército brasileiro, senador e ministro de várias pastas).
- **No campo econômico:** Mário Henrique Simonsen (professor de economia e ex-ministro da Fazenda), Delfim Netto (professor, político e ex-ministro da Fazenda e da Agricultura), John Kenneth Galbraith (ex-professor da Universidade de Harvard e ex-presidente da American Economic Association), Adam Smith (professor da Universidade de Glasgow), Alan Greenspan (secretário do Tesouro norte-americano) e John Maynard Keynes (um dos mais importantes economistas da história).

Essas pessoas tinham um compromisso com a busca da sabedoria. E, com isso, algumas revolucionaram a sua carreira, a sociedade, seu país e o mundo. Espero que você um dia faça parte desse time. Eu ficarei muito feliz com o seu sucesso.

Cultivar o hábito de leitura quando já somos adultos é um pouco mais trabalhoso, mas não impossível. Nunca é tarde. É fato que a melhor época para você desenvolver o hábito e a paixão pela leitura é na infância. Se em um lar há livros e estímulos diários à leitura, em que os mais velhos leem histórias para as crianças por prazer e paixão, as crianças da casa despertarão naturalmente o interesse pela leitura. Contudo, se ninguém ao redor de uma criança gosta de ler e não existem exemplos que valorizem a leitura, ela não terá o menor interesse. Veja o comentário feito pelo jurista

Rui Barbosa: "Médico era meu pai, ainda que também político e homem de letras; e as minhas leituras de criança e moço, já então afervoradas pela sede insaciável desta curiosidade, a que ainda estou por descobrir sedativo, não distinguiam, na variada e abundante biblioteca de casa, entre os volumes de literatura, os livros de política e os tratados de medicina, em todos os quais, ora uns, ora outros, consoante me afetavam o apetite, bebia eu a pasto, sem ordem nem regra, o que o ensejo me deparava, e entendimento, ainda verde, ingeria, de ordinário sem digerir."[33]

É fato que hoje somos bombardeados por uma série de facilidades que roubam a nossa atenção e o nosso tempo. Isso, contudo, não deve ser um obstáculo ou uma desculpa para não ler. Para que você não caia na tentação de se sentar no sofá e ficar diante de sua televisão por horas a fio "zapeando" pelos canais em busca de um bom programa — o que, convenhamos, é a rotina de milhões de brasileiros — é preciso cultivar o interesse pela busca de novos conhecimentos que enriqueçam a sua vida. Você precisa transformar o aprendizado em valor, o que só é possível com disciplina, concentração e muita determinação. Como dizia Thomas Alva Edson: "O homem que não se decide a cultivar o hábito de pensar, desperdiça o maior prazer da vida. Não apenas perde o maior prazer, como não consegue aproveitar o máximo de si mesmo. Todo o progresso, todo o sucesso, floresce do pensamento." Tendo em conta todas essas considerações, sugiro que você siga os seguintes passos:

- Opte inicialmente por livros que tratam de seu interesse — esportes, saúde, finanças pessoais, história, ficção, culinária, vinho, etc.
- Escolha livros que sejam de fácil leitura e motivação. Isso não significa que eles devam ser superficiais. Para não cair nesse erro, converse com pessoas que são mais críticas do que você e cultivam o hábito da boa leitura. Se não conhecer ninguém, leia as críticas de livros em jornais e revistas. Como sugeri anteriormente, leia a bibliografia ao final de cada livro. Ela servirá de orientação para futuras leituras.

- Procure avaliar quais ensinamentos podem ser aplicados no seu dia a dia — em casa, no trabalho, no relacionamento interpessoal. Com isso, você transformará um conhecimento aprendido em ações práticas e que fatalmente modificarão lentamente a sua vida para melhor. O bem-sucedido empresário norte-americano G. Kingsley Ward dizia que um ano de leitura equivale a dez anos de experiência.
- Cultive o hábito de visitar bibliotecas e livrarias. Pegue livros das estantes, folheie-os, sinta a textura de suas páginas e comece a conversar com os seus autores. Eles lhe ensinarão muitas coisas que você não teria acesso de outra maneira.
- Acompanhe a programação cultural das melhores livrarias. Elas promovem inúmeros eventos com autores dos mais diversos campos do saber. Estar próximo desses autores significa beber na própria fonte. Mate a sua sede de sabedoria.
- À medida que você for construindo a sua base cultural, aprofunde o nível de leitura e pesquisa. Fuja da superficialidade, tão comum em nossos dias. Daí porque tantos são facilmente enganados e caem na vala comum do pensamento massificado. Essas pessoas não são originais, não inovam, copiam, plagiam e não agregam uma vírgula sequer ao saber humano.
- Quando você dominar esses passos, certamente se sentirá uma pessoa totalmente diferente e melhor. Portanto, prezado jovem, abra os livros! Abra os livros! Abra os livros!

Capítulo 16

Conheça os riscos e as oportunidades de uma carreira global

> "Aventurar-se causa ansiedade, mas deixar de arriscar-se é perder a si mesmo. E aventurar-se no sentido mais elevado, é precisamente tomar consciência de si próprio."[1]
>
> Søren Kierkegaard

Uma das grandes diferenças das carreiras empreendidas atualmente é que praticamente todas podem ser classificadas como globais. Hoje, como você sabe, o mundo é uma grande aldeia global, exatamente como previu o famoso filósofo da comunicação Marshall McLuhan.[2] O importante nessa fase, portanto, é determinar o quão global você gostaria de tornar a sua carreira, se verdadeiramente está disposto a fazê-la e se honestamente pode empreendê-la com sucesso. Se puder responder a todas essas perguntas com sinceridade e sabedoria, acredito que evitará inúmeras decepções.

Muitos profissionais fracassam na tentativa de construir uma carreira internacional. E isso normalmente acontece porque eles não avaliaram adequadamente os riscos e os obstáculos envolvidos. Eles foram apenas movidos pela euforia, o que é muito pouco para alguém ser bem-sucedido nessa empreitada. A carreira internacional não pode ser oferecida a qualquer profissional, pois ela não é adequada para todos. A carreira global é uma proposição muito arriscada. Até mesmo as pessoas mais talentosas podem ver tudo desabar. Erros cometidos em países distantes são, com excessiva frequência, irreversíveis, uma vez que costumam acarretar grandes prejuízos não apenas à própria imagem da pessoa, mas principalmente à da empresa e de seu país de origem.

Há um episódio extraído da história que ilustra o que eu quero dizer. O Duque da Toscana, reconhecido como príncipe notável, se queixou certa ocasião ao embaixador veneziano, hospedado em sua casa, que a República de Veneza tinha enviado para residir em sua corte uma pessoa sem nenhum valor, desprovida de qualquer julgamento ou conhecimento e privada até de qualidades pessoais atraentes. "Não me surpreende — retorquiu o embaixador —, temos muitos tolos em Veneza." Ao que retrucou o Grande Duque: "Também temos tolos em Florença, mas tomamos o cuidado de não exportá-los."[3]

A experiência de viver e trabalhar no exterior transforma profundamente todos que a experimentam, ajustando-se à cultura ou não. Tal é o impacto da experiência em tantos níveis — físico, intelectual, emocional, familiar — que não existe a possibilidade de uma reação moderada, muito menos neutra. Ou nos abrimos à experiência, e por ela somos enriquecidos, ou voltamos as costas a ela e somos em muito diminuídos (*The Art of Crossing Culture*, pág. 106).[4]

Portanto, se você ambiciona verdadeiramente empreender uma carreira global, sugiro que reflita sobre as competências mais desejáveis que você deve desenvolver, se é que já não as possui:

- **Mente aberta para viver e trabalhar com pessoas totalmente diferentes de você.** Essa, por si só, é uma grande empreitada. Quanto maior for seu interesse em se abrir para novos mundos e realidades, melhor para o seu crescimento e sucesso em um país estrangeiro. Lembre-se das palavras do comediógrafo irlandês G. B. Shaw: "O homem sensato adapta-se ao mundo. O homem insensato insiste em tentar adaptar o mundo a si. Sendo assim, todo o progresso depende do homem insensato."[5]

- **Interesse multicultural e profunda sensibilidade humana.** Ou seja, saber respeitar culturas diferentes da sua e desejar aprender tudo sobre os países nos quais trabalhará — leis, práticas de negócios, ritmo de trabalho, valores da sociedade, política, folclore, arte, literatura, poesia, religião, história, sistema político e governamental, geografia, etc.

- **Tolerância à ambiguidade e à complexidade.** No exterior, essas qualidades se tornam de inestimável valor principalmente quando você tiver de tomar decisões.

- **Vida pessoal e familiar sincronizadas.** Quando essas duas equações não estão bem resolvidas, as chances de um desastre são enormes. Portanto, antes de empreender uma mudança para um país estrangeiro, tenha completa adesão de sua família.

- **Competência técnica e gerencial.** Ninguém lhe respeitará se você não tiver alto nível de competência técnica e administrativa. Portanto, não se iluda com o jeitinho brasileiro. Ele é pura mediocridade.

- **Integridade.** Nunca as empresas necessitaram tanto de ética e caráter íntegro como nos dias atuais. Portanto, torne-se uma referência. J. W. Goethe, escritor e poeta alemão, disse: "No silêncio forma-se um talento, mas um caráter, no turbilhão do mundo."[6]

- **Disposição para aprender continuadamente.** A vida em outro país é uma oportunidade singular para você expandir seus conhecimentos e experiências.

- **Evite os guetos.** Neles, nem você e nem os membros de sua família aprenderão nada de positivo. Não corte o caminho: conviva com todos e busque ser uma pessoa versátil e adaptativa. Procure o que de melhor existe no país onde trabalha e jamais caia na armadilha de ficar queixando-se das coisas que deixou para trás. Nunca compare situações e circunstâncias diferentes.

- **Viver integralmente o momento.** Jamais deprecie ou critique a nação que o hospeda.

- **Ter consciência de que retornará ao seu país de origem após completar o seu assignment.** O choque da volta ao seu país de origem pode ser muito grande. A empresa poderá recebê-lo sem um plano consistente de desenvolvimento ou até mesmo dispensá-lo meses depois. Eu mesmo já vi isso acontecer inúmeras vezes.

- **Preparação para se reintegrar à sua família, aos amigos, aos colegas e às demais pessoas de seu relacionamento.** Eles, diferentemente de você, não passaram por nenhum choque cultural. Tenha cautela para não pensar com a mente do país onde você viveu.

- **Cuidado com a readaptação de sua família, especialmente se os seus filhos estiverem em fase escolar.** Eles também estão deixando para trás os amigos e um estilo de vida mais avançado, confortável e rico em referências.

- **Não dê por encerrada a sua carreira internacional quando estiver de volta.** Novas oportunidades surgirão e, a cada mudança, o ciclo se reinicia. Mostre para a sua família e para a empresa o seu interesse em enfrentá-las novamente.

Apêndice A

De pai para filho

Meu querido filho Phillip,

Escrevi este livro pensando em você a cada linha. Você é o caçula dos meus três filhos e pertence à uma geração diferente da dos seus irmãos. Você é estudante de engenharia, atuante no mercado financeiro e muito jovem. Em breve sua carreira profissional cruzará com os seus objetivos pessoais. Espero que, ao constituir uma família, tenha por base os princípios e valores que você recebeu de seus pais e irmãos.

Eu também fui um jovem com muitos sonhos, especialmente o de me projetar com sucesso no mercado de trabalho. Para tanto, eu me dediquei ao conhecimento de diversos assuntos, especialmente àqueles voltados ao universo humanístico. Sempre tive o desejo de conhecer, estudar e ir além das conquistas de meus pais.

Essa evolução, berço, valores, sonhos e ideias são infinitamente repetidas de geração a geração. Algumas pessoas têm para si mesmas uma noção clara de suas prováveis conquistas e realizações. E elas empreendem nesse sentido. Outras, porém, passam o tempo se lamentando: "Ah, se eu soubesse"; "Ah, se eu pudesse". Procuram justificar e amenizar suas frustrações e o pouco alcance dos seus ideais.

Phillip, espero do fundo do meu coração que você tenha a motivação necessária para se tornar um cidadão de primeira classe, pois a semente em seu berço foi plantada, regada, cuidada e dá sinais claros de florescimento. Os valores essenciais transmitidos pelos seus pais foram os mesmos para você e seus irmãos, porém, além das diferenças de gerações entre vocês, há também o amadurecimento de seus pais e outras circunstâncias práticas e materiais bem mais favorecidas e das quais você desfrutou quando criança.

Portanto, filho, seus desafios são inúmeros e imensos, mas desejo que reflita hoje sobre as suas origens, seus valores e suas motivações. Elas, nesse momento crucial de escolhas, irão certamente influenciá-lo e determinar em grande parte os seus julgamentos futuros e os seus comportamentos decorrentes não só no trabalho, mas em sua vida pessoal. Determinará, espero eu, o seu modo de criar os próprios filhos e o desejo de fazê-los melhores do que você.

A família, desde a sua concepção, evolução histórica e modelo atual, tem passado por grandes e profundas transformações. Ela nunca foi uma constelação perfeita ou irreparável. Pelo contrário, tem deficiências e carências. É estudo constante de cientistas políticos, antropólogos, educadores e médicos entre tantos outros interessados. Portanto, eu pergunto: por que a família como "origem" da educação não haveria estar ou fazer parte das indagações dos jovens? Se debatida por estudiosos, combatida ou elogiada pelos filósofos, transformada ou transfigurada pela sociedade, questionada ou admirada como modelo de economia e cooperação, não importa. O fato é que ela jamais perdeu o status da instituição humana mais sólida da sociedade, porque é inegável o seu valor educacional. Ela continua sendo o "eixo" do qual se prolongam os laços, a cultura, os hábitos, valores e referências de cada indivíduo e sociedade.

Individualmente, a família representa a célula ou o "trailler" do filme que será a nossa vida e trajetória. Ela é o processo de humanização de todos nós. Esculpe a nossa personalidade e civilidade, "doma" o lado primitivo e animal e "traduz" à nossa consciência comportamentos sociáveis. É em seu seio, ou na ausência dele, que se forma uma boa ou má identidade — educação ou má educação.

É por meio dela que são transmitidos os fundamentos morais e de convivência: as atitudes e conhecimentos herdados de uma geração à outra. Assim, assimilamos os conceitos de hierarquia, autoridade, colaboração, limites, sensibilidade, altruísmo, dependência e interdependência que são os saberes essenciais para nos guiarmos em nossas carreiras.

Com a família aprendemos ainda a dinâmica das relações em todas as suas dimensões: poder, prazer, desprazer, amor, ódio, afiliação e repulsa. Ela é, a princípio, o microssistema da vida que propicia o aprendizado mais profundo da solidariedade — a função do "care", da autorresponsabilidade e da gratidão — princípios e valores. E nela ainda se formam os conceitos de ciclos: "criação", "evolução", "finitude" (morte) e "recriação". Ou seja, a trajetória existencial.

Phillip, a família é o "eixo" da sua formação, não há dúvidas. Até a sua boa saúde foi herdada dela. Porém, ela não é a única fonte de modelagem da vida, e você deve empreender por conta própria muito mais ao seu favor. Sua educação pode ser mudada, enriquecida e expandida. Isso depende exclusivamente de você. Reflita sobre suas possíveis carências. Onde estão os seus aspectos mais frágeis? São eles emocionais e de personalidade? De identidade e afirmação? Intelectuais ou materiais? Integridade e conflito de valores? Procure entender como você reage a eles e, especialmente, o que você pode fazer a respeito.

Caro filho, todos nós, por melhor que seja o berço herdado, temos as nossas carências. E não lidamos apenas com isso. Estamos em constante interação com pessoas de outras origens, valores e educação. Esse é o grande desafio. Interagir com os "diferentes" e, em especial, com os mais deficitários na educação. No mundo corporativo e profissional, essa "salada humana" se manifesta na maioria das vezes de forma desordenada, perturbadora e disfuncional. Portanto, esteja preparado para lidar com pessoas de boa ou de má educação — com ausência de valores, motivações duvidosas, comportamentos inescrupulosos ou simplesmente recalcados, mal-amados e oriundos de famílias que não encontraram o seu meio de educar.

E o que fazer? Procure ter como referência aquelas pessoas com comportamentos e valores mais nobres. Respeite todos, inclusive os mais medíocres. Não os ignore, não os subestime e, menos ainda, não deixe de aprender com eles. Felizes ou não, desajustados ou incivilizados, eles farão parte do seu grupo quer você queira ou não. Procure conhecê-los. Procure respeitá-los, mesmo que aparentemente não mereçam o seu respeito. Identifique neles, assim como você identificou em si mesmo, quais são as carências que cada um revela em seu comportamento e prováveis raízes na formação, no lar e na família — dificuldades emocionais, baixa autoestima, caráter frouxo, dificuldades de lidar com o poder, falta de pudor, deslealdade, problemas ligados à saúde mental ou simplesmente a falta do núcleo familiar. Compreenda-os e não os julgue, como também não os imite para simplesmente ser aprovado pelo grupo. Você pode se posicionar com diplomacia e elegância. É assim que você aprende a conviver politicamente com aqueles que fazem "oposição" aos seus princípios e valores. E entenda principalmente que a empresa não é a representação da sua família.

Ambiente familiar e ambiente de trabalho têm distinções profundas quanto à motivação. A empresa está pautada no sucesso e na ambição, sem os quais ela não teria como existir. A ambição e o sucesso são desejos importantes e também devem constar de seus ideais. Mas eles não podem transgredir seus valores. Os meios não podem justificar os fins — sucesso a qualquer preço. Portanto, procure dar o melhor de si em seu ambiente de trabalho. A empresa quer a sua colaboração e você quer também o seu próprio sucesso e reconhecimento. Não há nada de errado quanto à troca de interesses. Mas não espere o "amor fraternal" de seus colegas e muito menos se posicione como filho do seu chefe. Faça as distinções dos ambientes (familiar e trabalho), mas paute-se nos princípios herdados de seu berço. Norteie sua vida na sua verdade, mas não se esquive de aprender com as diferenças. Esse é um aprendizado sinuoso. E se, na dúvida, no cansaço, no conflito ou na discórdia sentir-se desnorteado ou sem energia, busque inspiração na música composta por Dominguinhos e Nando Cordel e eternizada na voz de Elba Ramalho:

Estou de volta pro meu aconchego
trazendo na mala bastante saudade
querendo
um sorriso sincero, um abraço,
Para aliviar meu cansaço
E toda essa minha vontade
Que bom,
Poder tá contigo de novo,
Roçando o teu corpo e beijando você,
Pra mim tu és a estrela mais linda
Seus olhos me prendem, fascinam,
A paz que eu gosto de ter.

É duro, ficar sem você
Vez em quando
Parece que falta um pedaço de mim
Me alegro na hora de regressar
Parece que eu vou mergulhar
Na felicidade sem fim

De seu pai.

Apêndice B

Vamos à lista, composta por cem livros

1. A Bíblia Sagrada, e em especial o Livros dos Provérbios, Salomão
2. The Purpose Driven Life — What on earth am I here fore, de Rick Warren
3. A Constituição da República Brasileira
4. O Código do Consumidor
5. O Livro Completo de Etiqueta de Amy Vanderbilt, atualizado por Tickerman & Nancy Dunnan
6. When Generations Collide, de Lynne C. Lancaster e David Stillman
7. Generation Blend — Managing Across the Tecnology Age Gap, de Rob Salkowitz
8. Uma Vida Entre Livros — Reencontros com o Tempo, de José Mindlin
9. The Financial Times Guide to Executive Health, de James Campbell Quick, Cary L. Cooper, Jonathan D. Quich (Traduzido para o português sob o título, O Executivo em Harmonia)
10. Paideia, A Formação do Homem Grego, de Werner Jaeger
11. Conferências Sobre Retórica e Belas-Letras, de Adam Smith
12. A Cultura Inculta — Ensaio Sobre o Declínio da Cultura Geral, de Allan Bloom
13. THINK — Por que não tomar decisões em um piscar de olhos, de Michael R. Legault
14. Going to the Top, de Carol Gallagher, PH.D (Paras as jovens)
15. Business — The Ultimate Resource
16. Desvirando a página — A Vida de Olavo Setúbal, de Ignácio de Loyola de Brandão e Jorge J. Okubaro
17. Thomas Mello and His Life, de Thomas Mellon
18. Buffet — The Making of an American Capitalist, de Roger Lowenstein
19. Executive Warfare — 10 Rules of Engagement for Winning Your War For Success, de David F. D'Alessandro
20. Desafio: Fazer Acontecer, de Larry Bossidy e Ram Charam
21. Ah! Se eu Soubesse, de Richard Adler
22. O Princípio da Sabedoria, de Gutemberg B. de Macedo
23. As Cinco Atitudes para uma Carreira Espetacular, de James M. Citrin e Richard A. Smith
24. Carreira — Que Rumo Seguir, de Gutemberg B. de Macedo

25. Os Primeiros 90 dias — Estratégias de Sucesso para Novos Lideres, de Michael Watkins
26. Fui Demitido! E Agora? A Demissão Não é o Fim!, de Gutemberg B. de Macedo
27. Um bom dicionário de português
28. Dicionário de Inglês ou outro idioma de seu interesse — Espanhol, alemão, francês
29. Dicionário de antônimos e sinônimos
30. The Cambridge Dictionary of Philosophy, de Robert Audi, Editor Geral
31. Dicionário de Ética e Filosofia Moral, 2 Vols., de Monique Canto-Sperber, organizadora.
32. A Literatura Brasileira, 2 Vols., de José Aderaldo Castello
33. Os Ensaios, 3 Vols., de Michel de Montaigne
34. Obras Completas, 3 Vols., de Leão Tolstoi
35. Skakespeare — The Invention of the Human, de Harold Bloom
36. Dotoievski, 4 Vols, de Joseph Frank
37. Management — Tasks, Responsibilities and Practices, de Peter Drucker
38. Ética a Nicômaco, de Aristóteles
39. Writings on na Ethical Life, de Peter Singer
40. Power In and Around Organizations, de Henry Mintzberg
41. Handbook of Management — The State of the Art, The Financial Times
42. Marketing de Serviços: a Empresa com Foco no Cliente, de Valarie A. Zeithaml e Mary Jô Bitner
43. Princípios de Marketing, de Philip Kotler e Gary Armstrong
44. Mintzberg on Management, de Henry Mintzberg
45. Strategic Human Resources, de James N. Baron e David M. Kreps
46. Organization 21C, de Subir Chowdhury
47. The Human Equation, de Jeffrey Pfeffer
48. Digital Harnessing the Power of Business Webs Capital, de Don Tapscott, David Ticoll e Alex Lowy
49. Planning Your Financial Future, de Louis E. Boone e David L. Kurtz
50. Global Smarts — the Art of communicating and deal making Anywhere ind the world, de Sheida Hodge
51. Decifrar Pessoas — Como entender e prever o comportamento humano, de Jô-Ellan Dimitrius
52. Aha! 10 Maneiras de Libertar seu Espírito Criativo e Encontrar Idéias, de Jordan Ayan
53. A História e Queda do Império Romano, de Edward Gibbon
54. Nossa Herança Oriental, Will Durant
55. Minha Vida na Publicidade, Claude Hopkins
56. As 48 Leis do Poder, Robert Greene
57. Trabalho Qualificado — Quando a excelência e a ética se encontram, Howard Gardner, Mihaly Csikszentmihalyi e William Damon
58. Networking — Saiba como construir as melhores redes de relacionamento pessoal e profissional, Michael Dulworth
59. What it takes to be #1 — Vince Lombardi on Leadership, Vince Lombardi, Jr.
60. Career Distinction — Stand Out by Building Your Brand, William Arruda e Kirsten Dixon
61. Textos Escolhidos, Karl Popper
62. Managing Cultural Differences — Leadership Strategies For a New World of Business,

63. MBA? Não Obrigado! Uma visão crítica sobre a gestão e o desenvolvimento de gerentes, Henry Mintzberg
64. What's Your Type of Career?, Donna Dunning
65. Civilização e Cultura, Luis da Câmara Cascudo
66. Sobrados e Mucambos, Gilberto Freire
67. Superstição no Brasil, Luis da Câmara Cascudo
68. Memórias do Cárcere, Graciliano Ramos
69. Cultura Geral — Tudo o que se deve saber, Dietrich Schwanitz
70. Mário Henrique Simonsen — Textos Escolhidos, Carlos Eduardo Sarmento, Sérgio Ribeiro da Costa Werlang e Verena Alberti
71. A Divina Comédia, Dante Alighieri
72. Dom Quixote, Miguel de Servantes
73. Memórias Póstumas de Brás Cubas, Machado de Assis
74. Grandes Sertões: Veredas, Guimarães Rosa
75. Mensagem, Fernando Pessoa
76. Antologia Poética, Carlos Drummond de Andrade
77. What the internet is doing to our brains, de Nicholas Carr.
78. High Performance with High Integrity, de Ben W. Heineman Jr.
79. Microtendências — As pequenas forces por trás das grandes mudanças de amanhã, de Mark J. Penn
80. As aventuras de Telêmaco — Filho de Ulisses, de François Salignac de Lãs Mothe Fénelon
81. Good Value — Relections on money, morality and an uncertain world, de Stephen Green.
82. O Brasil Holandês, de Evaldo Cabral
83. O Poder do Twitter, de Joel Comm
84. Convém Sonhar, de Miriam Leitão
85. Letters of the Century, editado por Lisa Grunwald e Stephen J. Adler
86. Google, de David A. Vise e Mark Malseed
87. A Sabedoria dos Mitos Gregos, de Luc Ferry
88. Grossing da Finish Line, de William G. Bowen, Matthew M. Chingos e Michael S. McPherson
89. The Psychology of Executive Coaching — Theory and Apllication, de Bruce Peltier
90. O Segundo Mundo — Impérios e Influência na Nova Ordem Global, de Parag Khanna
91. 1421 — O ano em que a China descobriu o mundo, de Gavin Menzies
92. China Inc. — How The Rise Of The Next Superpower Challenges América and the World, de Ted C. Fishman
93. China's Megatrends — The 8 Pillars of a New Society. De John & Doris Naisbitt
94. The Pleasures and Sorrows of Work, de Alain de Botton
95. The Pixar Touch — The Making of a Company, de Davia A. Price
96. Is The American Dream Killing You? How the Market Rules our Lives, de Paul Stiles
97. The Facebook Effect — The Inside Story of The Company That is Connecting the World, de David K. Kirkpatrick
98. Macunaíma, de Mário de Andrade
99. O Guarani, de José de Alencar
100. O Quinze, de Rachel de Queiroz

Bibliografia

Aristóteles — A Política, capítulo I, 1252b, # 9

Aristóteles — Ética a Nicômaco, VIII, 1

Aristóteles — Política, VII, 13, 4

Arthur Schopenhauer — Sobre o Ofício do Escritor

Baltasar Gracián — Oráculo Manual, # 238, pág. 155

Baltasar Gracián — Oráculo Manual, 191, pág. 127

Baltasar Gracián, obra citada, # 113, pág. 77

Bertrand Russell — New Hopes for a Changing World

By the Estate of Irving M. Bunim, Ethics From Sinai, 3 Volumes, 1964

C. Colton — Lacon

Cardeal Giulio Mazzarino, Breviário dos Políticos, 1997

Césare Cantú — Attenzione!

Cícero — De oratore, II, 65, 261

David F. D'Alessandro, ex-CEO da John Hancock Financial Service e Grover Gardner — *Career Warfare: 10 Rules for Building Your Successful Brand on the Business Battlefield*

David F. D'Alessandro, Executive Warfare — 10 Rules of Engagement for Winning Your War for Success, 2008, pág. 122

David Halberstam, The Best and The Brightest

Dr. Martyn Lloyds-Jones, Preaching and Preachers, 1971

E. Burke — Letter to a Member of the National Assembly

E. G. Berchet — Letras Semiseria di Grisostomo

Ed. Peter Krass, The Book of Business Wisdom — Classic Writing by the Legends of Commerce and Industry, 1997, pág. 15

Elogios Acadêmicos e Orações de Paraninfo — Edição da Revista de Língua Portuguesa — 1924, pág. 369

Elogios Acadêmicos e Orações de Paraninfo, Edição da Revista de Língua Portuguesa, 1924, pág. 252

Encíclicas de João Paulo II — Documentos da Igreja

Epicteto — Dissertações, III, 23, 1

Francis Fukuyama — *Our Posthuman Future*

Francis Fukuyama, Our Posthuman Future, 2002

Francisco Mussnick — *Cartas a um Jovem Advogado*

G. B. Shaw — Maxims for Revolutionists, Reason

G. Sertillanges, Intelectual Life — 158-159

Humberto Eco — História do Tempo

J. W. Goethe — Tasso, 1, 2

James M. Kilts — Doing What Matters

Jeremy Rifkin — *The End of Work*

John C. Bogle — *Enough. True Measures of Money, Business, and Life*

John C. Bogle, fundador e ex-CEO do Vanguard Mutual Fund Group — *Enough. True Measures of Money, Business, and Life*, 2009

José Mindlin — Uma vida entre livros — Reencontro com o Tempo, 1907, pág. 16

Kathleen Kelley Reardon, Ph.D — *The Secret Handshake*

Kathleen Kelly Reardon, Ph.D., It's all Politics — Winning in a World Where Hard Work and Talent Aren't Enough, 2005, pág. 1

Leonardo Da Vinci — Proemi, 11

Lin Yutang, The Importance of Living, 1941

Livro dos Pensamentos Divinos

M. de Montaigne — Os ensaios, III, 13

Margarida de Navarra — Heptaméron

Margarida de Navarra — Heptaméron

Martinho Lutero –Discursos à Mesa

Menachem Mendel Schneerson — Toward a Meaningful Life

Miguel de Cervantes — Dom Quixote

Milo Sindell — *The End of Work as You Know It*

Moses Maimônides — Introdução do Código de Leis

Orison Swett Marden — *Success under Difficulties*

Orison Swett Marden, Pushing To The Front, Vol. I, 1997, pág. 337

Partha Bose — The Timeless Leadership Lessons of History's Greatest Empire Builder — Alexander The Great's

Ralph Keyes, The Wit & Wisdom of Harry Truman, 1995, pág. 34

Ram Charan, Stephen Drotter e James Noel — *The Pipeline of Leadership*

Robert F. Kennedy, The Pursuit of Justice, 1964

Russell H. Conwell — Acres of Diamonds, 1943

Russell H. Conwell, obra citada, pág. 37

S. Butler — The Genuine Remains in Verse and Prose

S. Butler -The Genuine Remains in Verse and Prose

Theodore Kinni e Donna Kinni, Douglas MacArthur — No Sbstitute for victory: lessons in strategy and leadership from General Douglas MacArthur

Thomas Cleary, Classics of Strategy and Counsel, Vol. I, 2000, pág. 60

Thomas Cleary, obra citada, pág. 61

Thomas Cleary, Obra citada, pág. 85

Thomas Mellon, Thomas Mellon an His Times, 1994, pág. 33

U. Ojetti — Sessanta

Vince Lombardi, Jr., Obra citada, pág. 21

Virgilio, poeta latino, 70-19 a.C., Eneida, V, pág. 231

Walter C. Wright, Mentoring — The Promise of Relational Leadership, Foreword, 2004, págs. IX e X

William Bridges — *JobShift: How to Prosper in a Workplace Without Job*

William Shakespeare — *Noite de Reis*

Notas

Capítulo 1
1. Tappin, S., Cave, A., Os Segredos dos Grandes Executivos, Elsevier Editora Ltda., Rio de Janeiro, 2009

Capítulo 2
1. Tolstoi, L., Pensamentos Para Uma Vida Feliz — Calendário da Sabedoria, Prestigio Editorial, Rio de Janeiro, 2005
2. L. Austin, citado em Grown Up Digital Carr, N., Calendário da Sabedoria, Prestigio Tapscott, McGraw-hill, New York, 2009
3. Carr, N., citado em Grown Up Digital, Don Tapscott, McGraw-hill, New York, 2009
4. Tapscott, D., Grown Up Digital, Don Tapscott, McGraw-hill, New York, 2009
5. Tapscott, D., Grown Up Digital, Don Tapscott, McGraw-hill, New York, 2009
6. Stewart G.B., Larry Page and Sergey Brin: The Google Guys

Capítulo 3
1. Nader, J.C., Como Perder Amigos & Enfurecer Pessoas, Makron Books Ltda., São Paulo, SP

Capítulo 4
1. Stengle, R., Os Caminhos de Mandela — Lições de Vida, Amor e Coragem, Editora Globo, São Paulo, 2010
2. Shakespeare, W., Hamlet, Simon & Schuster, 1992, NY.
3. Kingsley, G. K., Letters of A Businessman to his Son, Sion & Schuster, New York, NY, Ediação revisada, 1986
4. Callières, F., Como Negociar com Príncipes — Os Princípios Clássicos da Diplomacia e da Negociação, Editora Campus, Ltda., Rio de Janeiro, 2001
5. Post, P., e Post P., Manual Completo de Etiqueta nos Negócios, 1999, Negócio Editora, Rio de Janeiro-RJ.
6. Byers, A. L., Ideals and Moral Lessons, Herald Publishing House, Ohio, 1919
7. Post, P. e Post, P., Manual Completo de Etiqueta nos Negócios, 1999, Negócio Editora, Rio de Janeiro-RJ.

Capítulo 5

1. Greene, Robert, As 48 Leis do Poder, 2002, Editora Rocco, RJ.
2. Keyes, R., The Wit & Wisdom of Harry Truman — A Treasury of Quotations, Anedoctes, and observations, Harper Collins Publishers, New York, 1995
3. Reardon, K.K., It's All Politics — Winning In a World Where Hard Work and Talent Aren't Enough, doubleday, New York, 2005
4. Aristóteles, Politics, 2017, Hackett Publishing Company, Inc., Indianapolis, EUA.
5. Reardon, K.K., It's All Politics, Winning In a World Where Hard Work and Talent Aren't Enough, doubleday, New York, 2005
6. Quan, L., Strategy and Counsel, 2000, Shambhala Publications, Inc. Boston EUA.
7. Gracián, B., Oráculo Manual e Arte da Prudência, Ahimsa. São Paulo, 1984
8. Gracián, B., Oráculo Manual e Arte da Prudência, Ahimsa. São Paulo, 1984
9. D'Alessandro, D. F., The Executive Warfare, McGraw-hill, New York, 2008
10. Jornal O Globo, 30 de dezembro de 2011, Rio de Janeiro- RJ.

Capítulo 6

1. Charan, R., O Líder criador de Líderes, Elsevier Editora Ltda., Rio de Janeiro, RJ.
2. Fukuyama, F., Our Posthuman Future, Farrar, Straus and Giroux, New York, 2002
3. Kennedy, J. F. Let the World go Forth, 1988, Delacorte Press, New York, NY
4. Twain, M., Mark Twain. Common Senset Timeless Advice and Words of Wisdom, 2014, Skyhorse Publishing, Inc. New York, NY.

Capítulo 7

1. Wooden, J. e Jamison, S., Jogando Para Vencer, Editora Sextante, Rio de Janeiro, 2010
2. Bíblia Sagrada, Livro de Gênesis, tradução João Ferreira de Almeida, São Paulo, sociedade Bíblica do Brasil, 1993
3. Aristóteles, Ética a Nicônaco, Edipro — Edições Profissionais Ltda., 1ª edição, São Paulo, 2002
4. Cícero, M. T., Laelius de Amicitia.
5. Cervantes, M. Dom Quixote, Penguin Clothbound Classics
6. Johnson, S., Bate, W. J., Samuel Johnson, 1977, New York, NY.
7. Biografia — Madre Tereza de Calcutá
8. Shakespeare, W., Noite de Reis — Complete Work, 2007, Modern Library.
9. Brant, F. e Nascimento, M., Canção da América.

Capítulo 8

1. Tappin, S. e Cave, A., Os Segredos dos Grandes CEO's, Elsevier Editora Ltda., Rio de Janeiro, 2009
2. Drucker, Peter, Managing for the Future, the 1990 and Beyond, 1992, Penguin Books, Inc. EUA
3. Rifkin, J., The End of Work, The Decline of the Global Labor Force and the Down of the Post — Market /era, G. P. Putnam's Sons, New York, NY, 1995

4. Bridges, W., Jobshif: How to Prosper in a Workplace Without Jobs, Perseus Books, New York, NY, 1995
5. Sindell, M., The End of Work as You Know It: 8 Strategies to Redefine Work on Your Own Terns, Ten Speed Press, New York, NY, 2009
6. Biblia Sagrada, Livro de São Mateus. Tradução de João Ferreira de Almeida, São Paulo — Sociedade Bíblica do Brasil, 1993
7. Mardeu, O. S., Success Under Difficulties, Sun Publishing Company, Santa Fé, USA, 1911
8. Shakespeare, W., pensadores.com.br
9. Mellon, T., Thomas Mellon and His Times, University of Pittsburg Press, Pa., 1994
10. Macedo, G. B., O Princípio da Sabedoria, Editora ARX, São Paulo, 2008

Capítulo 9

1. Edler, R., Ah, Se eu Soubesse, Negócio Editora, São Paulo, 1997
2. Virgílio (Poeta Latino), clássico, 70 a 14 a. C.
3. D'Alessandro, D. F., Executive Warfare, 2008
4. Gracián, B., Oráculo Manual, Ahimsa Editora Ltda., São Paulo, 1984
5. Burke, E., citado em dicionário das citações, Martins Fontes, São Paulo, 2001
6. Cícero, DA Amizade, São Paulo, Martins Fontes, 2001
7. Charan, R., Drotter, S. e Noel, J., The Pipeline of Leadership: How to Build The Leadership Powered Comnpany. John Wiley & Sons, New York, 2011
8. Biblia Sagrada, I Carta aos Corinthias, tradução de João Ferreira de Almeida, São Paulo — Sociedade Bíblica brasileira, 1993
9. Cícero (106–43 a. C.) advogado, político, escritor, orador romano.
10. Bíblia Sagrada. Livro de Provérbios. Tradução de João Ferreira de Almeida, São Paulo: sociedade Bíblica brasileira, 1993
11. Bíblia Sagrada. Livro de Provérbios. Tradução de João Ferreira de Almeida, São Paulo: sociedade Bíblica brasileira, 1993
12. Bíblia Sagrada. Livro de Provérbios. Tradução de João Ferreira de Almeida, São Paulo: sociedade Bíblica brasileira, 1993
13. Bíblia Sagrada. Livro de Provérbios. Tradução de João Ferreira de Almeida, São Paulo: sociedade Bíblica brasileira, 1993
14. Bíblia Sagrada. Livro de Provérbios. Tradução de João Ferreira de Almeida, São Paulo: sociedade Bíblica brasileira, 1993
15. Bíblia Sagrada. Livro de Provérbios. Tradução de João Ferreira de Almeida, São Paulo: sociedade Bíblica brasileira, 1993
16. Bíblia Sagrada. Livro de Provérbios. Tradução de João Ferreira de Almeida, São Paulo: sociedade Bíblica brasileira, 1993
17. Lazear, Jonathon — The Man Who Mistook His Job For a Life, 2001.
18. Lazear, J., The Man Who Mistook His Job For a Life, 2001.

Capítulo 10

1. Callières, François, diplomata, secretário de gabinete de Luís XIV — Como Negociar com Príncipes — Os Princípios Clássicos da Diplomacia e da Negociação, Editora Campus, 2000.
2. Geneen, H., Managing, 1984, Doubleday
3. Bíblia Sagrada, Evangelho de São Marcos, sociedade Bíblica do Brasil, 1993
4. Bunim, I. M., A Ética do Sinai — Ensinamentos dos Sábios Judeus, Editora Sefer Ltda., 1998.
5. Paulo II, J., Encíclica Papa Evangelium Vitae, 1993
6. Conwell, R. H., Uma Fortuna ao seu alcance, Rio de Janeiro, Record, 1995
7. Bunim, I. M., Ethics From Sinai, 1964
8. Httpp://kdfrases.com
9. Gracián, B., Oráculo Manual, Ahimsa Editora Ltda., São Paulo, 1984
10. Smith, A., A Riqueza das Nações, 2018 — Editora Saraiva
11. Lutero, M., obras selecionadas. Vol. 5 1995 — editora Sinodal
12. Bíblia Sagrada, Evangelho de São Marcos, sociedade Bíblica do Brasil, 1993
13. Bíblia Sagrada, Livro de Eclesiastes, sociedade Bíblica do Brasil, 1993
14. Maimônides, M., comentário da Mishna, editora Maayanot, 1993, São Paulo.
15. Mendel, Schneerson, M. M; Rumo a uma Vida Significativa, 1995; Domínio Público Editora Ltda., Rio de Janeiro, RJ
16. Bíblia Sagrada, Livro dos Salmos, sociedade Bíblica do Brasil, 1993
17. Horácio, A Arte Poética, Dicionário das Citações, 2001, Martins Fontes — São Paulo/SP
18. Berchet, E. G., Dicionário das Citações, #2552, Martins Fontes, 2001 — São Paulo/SP
19. Yutang, L., A Importância de Viver, 1999, Editora Globo

Capítulo 11

1. Greene, R., As 48 Leis do Poder, Edidota Rocco, 2000, Rio de Janeiro- RJ.
2. Bíblia Sagrada, Livro dos Provérbios, sociedade Bíblica do Brasil, 1993
3. Hubbard, H., Uma Mensagem à Garcia, 1899, Editora Record, Niterói-RJ
4. Halberstam, D., The Best and The Brightest, 1993, Ballantine Books
5. Gracián, B., Oráculo Manual, Ahimsa Editora Ltda., São Paulo, 1984
6. D' Alessandro, D. F., Career Warfare: 10 Rules for Building Your Successful Brand on The Business Battlefield.
7. Macedo, G.B., O Princípio da Sabedoria — Lições de Salomão para o Bem Viver.
8. Lombardi, How to Become # 1., 2003, R.R. Donnelley & Sons
9. Epicteto, Dissertação, III, 23,1.
10. Bíblia Sagrada, Evangelho de São Mateus, sociedade Bíblica do Brasil, 1993

Capítulo 12

1. Schmincke, D., O Código do Executivo, Editora Record, Rio de Janeiro, 2000
2. Cleary, T., Classics of Strategy and Counsel, "The Art of Wealth", Vol. III, Shambhala Publications Inc. 2000
3. Bíblia Sagrada, Livro dos Provérbios de Salomão, sociedade Bíblica do Brasil, 1993
4. Cleary, T., "The Art of Wealth", Classics of Strategs and Counsel, Vol. III, Shambhala Publications Inc. 2000

Capítulo 13

1. Kinni, T. e Kinni, D., Douglas Mac Arthur, 2006, Financial Times Prentice Hall
2. Navarra, M., Heptaméron.
3. Butler, S., Essays on Life, Art Science, 2008
4. Bose, P., The Timeless Leadership Lessons of History's Greatest Empire Builder — Alexander The Great's.
5. Bíblia Sagrada , Livro de Provérbios de Salomão, sociedade Bíblica do Brasil, 1993
6. Kilts, J. M., Doing What Matters
7. Kitts J. M. Doin What Meller, 2007, Random Mouse, New York
8. De Pree, M., Liberar é uma Arte, 1989, Editora Best Seller
9. Nellon, T., Thomp Mellon and His Time, 1994, University of Pittsburgh Press
10. Cantú, C., Compêndio de História Universal, 2019, Kobo Editions
11. Ojetti. U., Sessenta, X, citado em Dicionário de Citações, 2001 — Martins Fontes
12. Colton, C., Lacon II, 122 — citado em Dicionário das Citações — Martins Fontes, 2001
13. Aristóteles, Política, obra anteriormente citada
14. Da Vinci, Lombardi, How To Be #1, obra citada
15. Montaigne, M., Os Ensaios, Martins Fontes, 2001
16. Gracián, B., Oráculo Manual e Arte da Prudência, Ahisma. São Paulo-SP, 1984
17. Livro dos Pensamentos Divinos,

Capítulo 14

1. Fromm, Erich — Ter ou Ser? Guanabara Koogan S.A., 1987, RJ.
2. Murthy, A Better India a Better World, www.google.com.br
3. Bogle, J. C., Enough. True Measures of Money, Business and Life, 2010, John Wiley & Sons, Inc., Hoboken, NJ.
4. Conwell, R., H., Uma Fortuna ao seu Alcance, 1995
5. Bolles, R., A Practical Manual for Job — Hunters & Career Changers: What Color is Your Parachute, 1970.
6. Salomão, Provérbios de Salomão — 6. 6-8, Sociedade Bíblica Brasileira, 1996, São Paulo-SP.
7. Salomão, Provérbios de Salomão — 10. 7, Sociedade Bíblica Brasileira, 1996, São Paulo-SP.
8. Lama, O Sentido da Vida, Martins Fontes, 2001, São Paulo.

Capítulo 15

1. Gates, B., Época Negócios Online, 16 de janeiro de 2018.
2. Sire, J. W., Hábitos da Mente, Editora Hagnos, São Paulo, 2006.
3. Loloyd — Janes, Martin, Preaching and Preachers, 2012, Kevin de Youns, EUA.
4. Loloyd — Janes, Martin, Preaching and Preachers, 2012, Kevin de Youns, EUA.
5. Minflin, J., Uma Vida Entre Livros — Reencontros com o Tempo, EduSP Companhia das Letras, 1997 — São Paulo.
6. Schopen Haver, A., Sobre o Órfão do Escritor, Martins Fontes, 2005, São Paulo-SP.

Capítulo 16

1. Kierkegaard, Encontrando a Serenidade na Era da ansiedade, Robert Gerzon, Editora Objetiva Ltda., Rio de Janeiro-RJ.
2. McLuhan, M., The Mediu mis the Message, 1996, Gingko Press, California, EUA.
3. De Callieres, F. Como Negociar com Principes, os Principios Clássicos da Diplomacia e da Negociação, Editora Campus, 2009, São Paulo.
4. Storti, Craig, The Art of Crossing Cluture, 2007, Nicholas Braley Publishing, Boston, EUA.
5. Shan, G. B., citado em The Book of Leadership Wisdom: Classic Writing by Legendary Bussiness Leaders, Wiley, NY.
6. Goethe, J. W., citado Dicionário das citações de Ettore Barelli e Sérgio Pernacchie II; Martins Fontes, 2001, São Paulo.

Índice

A

acidente automobilístico, 43
Adam Smith, 84
agentes da transformação, 10
Albert Einstein, 35
alegria, 51
amigo tietagem, 51
amizade, 49–56
aposentadoria, 59–64
Aristóteles, 34, 49
Arthur Schopenhauer, 132
atitude, 36
Austin Locke, 11
autocontemplação, 70
autoestima, 75

B

baixa autorresponsabilidade, 20
Baltasar Gracián, 36, 66, 83, 97, 116
bem-estar, 51
Bertrand Russell, 32
boa vontade, 60
bom amigo, 51–56
bom humor, 51
bom senso, 40

bons mentores, histórias, 110–118
Bruce Alexander Morton, 5
bullying, 45
    corporativo, 125
busca do primeiro emprego, 14–15
    sugestões, 14–15

C

Carl Frost, 111
carreira, 40
    impacto do chefe na, 94, 94–97
carreira global, 140
    competências para, 140–142
caso Richthofen, 42
C. Colton, 114
Césare Cantú, 114
civilidade, princípios de, 47
competência social, 39
comportamento incivilizado, 44
conhecimento, 36
consumo de drogas, 42
core business, 60
crise
    de civilidade, 41–48
    de liderança, 7
customizar, geração, 8

D

Dalai Lama, 127
David F. D'Alessandro, 66, 97
David Halberstam, 97
David Hubbard, 111
David Livingstone, 62
dedicação, 59, 68
desrespeito as leis de trânsito, 43
dicas
    de leitura, 131–132
    destaque no mercado de trabalho, 26–30
    para se manter no caminho da ética, 121–122
Don Tapscott, 12
Douglas MacArthur, 107
downsizing, 77

E

E. Burke, 67
Epicteto, 99
era digital, 7
erros
    de caráter, 21
    tipos de, 21–22
executivo superstar, 81–82

F

falta de respeito à sociedade
    casos, 43–48
famílias multiparentais, 7
feedbacks, 115
Felipe Melo, jogador, 44
ferramentas do sucesso, 65
filho da era digital, 7
fim do emprego, 59–64
flexibilidade, 60
Francisco Mussnick, 4

Francis Fukuyama, 41
Frank Cary, 111

G

G. B. Shaw, 141
Geisy Arruda, 43
geração Baby Boom, 13
geração Millenium, 1
geração X, 11
geração Y, 1, 5–8, 11–13, 39
    jovens da, 12
G. K. Kingsley, 25
Goethe, 141
Grande Duque, 140
gratidão, 53
grau de civilidade, 24
gregarismo do homem, 32
Grover Gardner, 97

H

habilidades sociais, 15
Harold Geneen, 79
Harry Truman, 33, 47
higher-ups, 30
Horácio, 82
Humberto Eco, 10

I

impacto do chefe na carreira, 94
importância dos livros, 129–138
inaceitável, erro, 22
incivilidade corporativa, 45
incivilizado, comportamento, 44
individualismo, 52
inteligência, 68
interatividade eletrônica, 8
irracional, erro, 21
irresponsável, erro, 21

J

James M. Kilts, 110
Jeremy Rifkin, 59
jogo político nas organizações, 34
    jogo sujo, 34
John C. Bogle, 122
John Kennedy, 46
Jonathon Lazear, 74
José Mindlin, 132
Joseph Heller, 122

K

Kathleen Kelley Reardon, 33

L

lealdade contínua, 60-64
linguagem corporal, 24
Lin Yutang, 91
Li Quan, 36
Lloyd-Jones, 131
Lord Chesterfield, 31

M

Madre Tereza de Calcutá, 54
maneira antiética, agir de, 78-79
Marco Túlio Cícero, 51
Margarida de Navarra, 108
Mark Hurd, 38
Mark Twain, 48
Matt Biondi, 76
M. de Montaigne, 115
Menachem Mendel Schneerson, 88
mentor
    escolhendo um, 114-118
mentor e mentorado, 109
mentoring, 108
    processo de, 111
mentor, tenha um, 108-118
mercado de trabalho
    dicas, 26-27
Microsoft, 11
Miguel de Cervantes, 53
Moses Maimônides, 88
motivação transitória, 14

N

networking, 52
Nicholas Carr, 11
Nuremberg B. de Macedo, 71

O

Orison Swett Marden, 61

P

Partha Bose, 109
Paul Pearsall, 75
percepção horizontal, 7
Peter Drucker, 59, 111
Peter Post, 30
planejar e gerenciar carreira, 60-64
políticas pobres de educação, 7
pontos fortes, nova geração, 15
preço extorsivo, 75
primeiro emprego
    sugestões para, 14-15
princípios de civilidade, 47
profissional high potential, 102
pseudogenialidade intelectual, 78

R

reconhecimento, 71
reflexão sobre amizades, 50-51
regras de civilidade, 28
respeito, 54

roupas e acessórios, 24
Rui Barbosa, 2, 136
Russell H. Conwell, 81, 84

S

Salomão, 74
Samuel Johnson, 53
S. Butler, 108
se apresentando no trabalho, 24
sentido de vida, 10
sentimento de rejeição, 20
ser político, 33
Sócrates, 36
sucesso
    princípios, 66

T

Thomas Alva Edson, 136
Thomas Mellon, 62
tipos de erros, 21–22
trabalhar com inteligência, 69
trajetória profissional
    princípios, 66
trotes violentos, 43

V

valores, 39
Vince Lombardi, 99

W

William Shakespeare, 23–24, 54, 61